机动车驾驶考培实用教程

《机动车驾驶考培实用教程》编写组　编

机械工业出版社
CHINA MACHINE PRESS

内容简介

本书依据最新版《机动车驾驶证申领和使用规定》和《机动车驾驶培训教学与考试大纲》等相关规定编写而成。书中内容紧密贴合新大纲、新考点，系统介绍了机动车驾驶人考取驾照所涉及的道路交通安全法律法规、场地驾驶操作、实际道路驾驶技能和安全文明驾驶常识等内容；文字简明扼要、表述准确，并采用了大量专门精心绘制的图片再现驾驶场景，实用性强，可帮助读者快速通过驾驶考试。

本书可作为C1、C2、C3、C5、C6驾驶证考试培训和自学直考的教材，也适合准备学车、正在学车以及刚考取驾驶证不久的新手阅读。

图书在版编目（CIP）数据

机动车驾驶考培实用教程/《机动车驾驶考培实用教程》编写组编. —北京：机械工业出版社，2016.6（2022.6重印）

ISBN 978-7-111-53955-1

Ⅰ.①机… Ⅱ.①机… Ⅲ.①机动车—驾驶员—技术培训—教材 Ⅳ.①U471.3

中国版本图书馆CIP数据核字（2016）第117770号

机械工业出版社（北京市百万庄大街22号　邮政编码100037）
策划编辑：赵海青　责任编辑：赵海青　责任校对：李新承
封面设计：马筱琨　责任印制：乔　宇
北京瑞禾彩色印刷有限公司印刷
2022年6月第1版第7次印刷
184mm×260mm·9印张·262千字
标准书号：ISBN 978-7-111-53955-1
定价：40.00元

凡购本书，如有缺页、倒页、脱页，由本社发行部调换

电话服务	网络服务
服务咨询热线：010-88361066	机 工 官 网：www.cmpbook.com
读者购书热线：010-68326294	机 工 官 博：weibo.com/cmp1952
010-88379203	金 书 网：www.golden-book.com
封面无防伪标均为盗版	教育服务网：www.cmpedu.com

汽车是人类文明和社会进步的象征和标志。汽车的舒适、快捷和方便，改善了人们的出行方式，加快了人们的生活节奏，提高了人们的生活质量，从而推动了社会的发展和文明进步。掌握汽车驾驶技能，已经成为现代社会人们的一种必备技能。

目前，我国驾驶人培训、考试方法和内容经过多次改革和调整，有了很大的进步，但总体来说仍存在驾驶人知识面窄、法制观念淡薄、安全独立驾驶车辆的能力差、驾驶人整体素质提高迟缓等问题。驾驶人技术不过硬、缺乏驾驶经验、适应能力差、安全意识缺失、法律意识淡薄，成为导致交通事故和道路堵塞的主要因素，严重影响了道路的安全和畅通。

随着驾驶人培训改革的不断深入，多元化的新的培训与学习方式将会不断涌现。尽管背题库、练技巧、走捷径等投机取巧的学习方法在一段时间内仍是一些培训机构教学的主流，但如果驾校经营理念不改变，靠现行的培训方式是无法实现培养安全、文明、高素质驾驶人的目的，也势必会在竞争中失去市场。因此，为了使新学驾驶的学员更好地学习道路交通法律法规，增强安全意识，掌握过硬的驾驶技能，养成文明驾驶习惯，顺利地通过驾驶证考试，我们根据最新的《机动车驾驶证申领和使用规定》《机动车登记规定》《道路交通安全违法行为记分管理办法》与《机动车驾驶培训教学与考试大纲》，紧扣培训教学内容和考试要点，从满足驾校培训和学员自学的需要出发，编写了这本驾驶培训和自学教程。

本教程根据新的培训内容和考试办法，总结多年的教学经验，详尽地介绍了道路交通法律法规和相关知识、基础与场地驾驶、道路驾驶技能、安全文明驾驶常识四部分内容，从内容布局上充分考虑当前驾培改革和新的考试方法的特点，以满足培训教学与自学考试的需要。全书内容丰富，语言简练，图文并茂，通俗易懂，具有直观性和实用性，是每一个驾驶人安全驾驶的必读书籍。通过学习和阅读本教程，可增强安全意识，学会安全驾驶，尊重与珍爱自己和他人的生命，更深层次地理解安全驾驶的重要性。

朋友们，时间就是金钱，谁能迅速地通过驾驶考试，谁就节约了时间和金钱。考取驾驶证，是每一个即将学习驾驶汽车的朋友或正在学习驾驶的朋友渴求的。其实，学习汽车驾驶不是一件很难的事情，只要掌握学习规律和科学训练的方法，认真练习，善于思考，就一定能轻松考取驾驶证。但是切记，学习驾驶不是为驾校，也不是为考试，而是为了更好地生活，安全是第一生命线。驾驶汽车面临着很多的危险，操作不当会给自己和他人的生命和财产带来损失，会给家庭带来痛苦。实现道路交通环境畅通、有序、安全，是我们每一个人的愿望。学习驾驶时不仅要严格遵守道路交通法规，更重要地还要培养自己的安全意识和文明礼让的驾驶习惯。

由于编者水平有限，书中难免存在错误和不足之处，恳请广大读者批评指正。

考前必读

（一）考试内容

机动车驾驶人考试内容分为道路交通安全法律法规和相关知识考试科目（以下简称"科目一"）、场地驾驶技能考试科目（以下简称"科目二"）、道路驾驶技能和安全文明驾驶常识考试科目（以下简称"科目三"）。考试内容和合格标准全国统一，准驾车型不同，相应的考试项目也有所不同。本书所述内容均为针对初次申请小型汽车（C1）、小型自动档汽车（C2）、低速载货汽车（C3）、残疾人专用小型自动档载客汽车（C5）、轻型牵引挂车（C6）驾驶证的驾驶考试，如您报考其他准驾车型，请注意本书有关其他准驾车型的说明以及相关法律法规的具体规定。

科目一考试内容包括：机动车驾驶证和机动车管理规定、道路通行条件及通行规定、道路交通安全违法行为及处罚、道路交通事故处理相关规定、机动车基础知识。

科目二考试内容包括：倒车入库、坡道定点停车和起步、侧方停车、曲线行驶、直角转弯。

科目三道路驾驶技能考试内容包括：上车准备、起步、直线行驶、加减档位操作、变更车道、靠边停车、直行通过路口、路口左转弯、路口右转弯、通过人行横道线、通过学校区域、通过公共汽车站、会车、超车、掉头、夜间行驶。考试里程不少于3公里，在白天考试时，应当进行模拟夜间灯光考试。

科目三安全文明驾驶常识考试内容包括：安全行车常识、文明行车常识、道路交通信号在交通场景中的综合应用、恶劣气象和复杂道路条件下安全驾驶知识、紧急情况下避险常识、防范次生事故处置与伤员急救知识、典型事故案例分析等。

（二）考试合格标准

1）科目一考试满分为100分，成绩达到90分的为合格；

2）科目二考试满分为100分，报考大型客车、牵引车、城市公交车、中型客车、大型货车准驾车型的，成绩达到90分的为合格，其他准驾车型的成绩达到80分的为合格；

3）科目三道路驾驶技能和安全文明驾驶常识考试满分均为 100 分，成绩分别达到 90 分的为合格。

（三）考试要求

初次申请机动车驾驶证或者申请增加准驾车型的，科目一考试合格后，车辆管理所在一日内核发学习驾驶证明；属于自学直考的，车辆管理所还按规定发放学车专用标识。申请人在场地和道路上学习驾驶，应当按规定取得学习驾驶证明。学习驾驶证明的有效期为三年，有效期截止日期不得超过申请年龄条件上限。申请人应当在有效期内完成科目二和科目三考试。未在有效期内完成考试的，已考试合格的科目成绩作废。

申请人在道路上学习驾驶技能，应当随身携带学习驾驶证明，使用教练车或者学车专用标识签注的自学用车，在教练员或者学车专用标识签注的指导人员随车指导下，按照公安机关交通管理部门指定的路线、时间进行学习。申请自学直考的人员，在道路上学习驾驶时，应当在自学用车上按规定放置、粘贴学车专用标识，自学用车不得搭载随车指导人员以外的其他人员。

报考 C1、C2、C3、C5 准驾车型的，在取得学习驾驶证明满 10 日后预约科目二考试；报考小型自动档汽车、残疾人专用小型自动档载客汽车、低速载货汽车、三轮汽车准驾车型的，在取得学习驾驶证明满二十日后预约科目三考试；报考小型汽车准驾车型的，在取得学习驾驶证明满三十日后预约科目三考试。科目二、科目三道路驾驶技能考试均合格后，申请人可以当日参加科目三安全文明驾驶常识考试。

已持有大型客车、城市公交车、中型客车、大型货车、小型汽车、小型自动档汽车准驾车型驾驶证申请增加轻型牵引挂车（C6）准驾车型的，应当考试科目二和科目三安全文明驾驶常识。其中 C1/C2 驾驶证增驾轻型牵引挂车，还需要有 1 年以上驾龄。

每个科目考试一次，考试不合格的，可以补考一次。不参加补考或者补考仍不合格的，本次考试终止，申请人应当重新预约考试，但科目二、科目三考试应当在 10 日后预约。科目三安全文明驾驶常识考试不合格的，已通过的道路驾驶技能考试成绩有效。在学习驾驶证明有效期内，科目二和科目三道路驾驶技能考试预约考试的次数分别不得超过五次。第五次预约考试仍不合格的，已考试合格的其他科目成绩作废。

前言
考前必读

第一部分　道路交通法律法规和相关知识

一、机动车驾驶证和机动车管理规定 1
　（一）机动车驾驶证申领和使用规定 1
　（二）道路交通安全违法行为记分 3
　（三）机动车登记和使用规定 6
二、道路通行条件及通行规定 6
　（一）道路交通信号 6
　（二）道路通行规定 33
　（三）高速公路通行特殊规定 46
三、道路交通安全违法行为及处罚 48
　（一）道路交通安全违法行政强制措施 48
　（二）道路交通安全违法行政处罚 48
　（三）道路交通安全违法刑事处罚 49
四、道路交通事故处理相关规定 50
五、机动车基础知识 51
　（一）车辆结构与车辆性能常识 51
　（二）运行材料的作用和使用要求 52
　（三）常见操纵装置 52
　（四）常见安全装置 55

第二部分　基础与场地驾驶

一、基础驾驶 59
　（一）基础驾驶理论知识 59

（二）基础驾驶操作 62

二、场地项目驾驶 66
  （一）倒车进库 66
  （二）坡道定点停车和起步 66
  （三）侧方停车 67
  （四）曲线行驶 67
  （五）直角转弯 68

第三部分　道路驾驶技能

一、道路驾驶训练 69
  （一）上车准备与起步 69
  （二）换档与直线行驶 69
  （三）变更车道 70
  （四）会车 71
  （五）超车与让超车 71
  （六）通过路口 72
  （七）通过人行横道 73
  （八）通过学校区域 73
  （九）通过公共汽车站 74
  （十）掉头 74
  （十一）靠边停车 75
  （十二）夜间行驶 76

第四部分　安全文明驾驶常识

一、安全行车常识 77
  （一）机动车日常检查与维护 77
  （二）安全驾驶状态 77
  （三）危险源的识别与预防 79
  （四）安全驾驶操作要求 80

二、文明行车常识 91
 （一）保护其他交通参与者 91
 （二）与其他车辆共用道路 94
 （三）文明使用灯光及喇叭 96
 （四）常见不文明行为 96

三、道路交通信号综合应用 97
 （一）路口交通信号综合应用 97
 （二）路段交通信号综合应用 102
 （三）特殊场所交通信号综合应用 118

四、恶劣气象和复杂道路条件下的驾驶知识 119
 （一）通过桥梁的安全驾驶 119
 （二）通过隧道的安全驾驶 119
 （三）山区道路的安全驾驶 120
 （四）夜间安全驾驶 123
 （五）特殊道路及恶劣气象条件下的安全驾驶 124
 （六）高速公路安全驾驶 126

五、紧急情况下的避险常识 129
 （一）紧急情况通用避险知识 129
 （二）高速公路紧急避险 131

六、典型事故案例分析 131
 （一）典型事故案例驾驶行为分析 131
 （二）典型事故案例经验教训 132

七、交通事故救护及常见危险化学品的处置常识 134
 （一）事故处置原则 134
 （二）伤员急救 134
 （三）常见危险化学品 134

第一部分　道路交通法律法规和相关知识

一、机动车驾驶证和机动车管理规定

（一）机动车驾驶证申领和使用规定

1. 机动车驾驶许可

驾驶机动车，应当依法取得机动车驾驶证，按照驾驶证载明的准驾车型驾驶车辆。在道路上学习驾驶技能，应当使用教练车，且需教练员随车指导。

2. 机动车驾驶证种类、准驾车型和有效期

机动车驾驶人准予驾驶的车型顺序依次分为：大型客车、重型牵引挂车、城市公交车、中型客车、大型货车、小型汽车、小型自动档汽车、低速载货汽车、三轮汽车、残疾人专用小型自动档载客汽车、轻型牵引挂车、普通三轮摩托车、普通二轮摩托车、轻便摩托车、轮式专用机械车、无轨电车和有轨电车。

准驾车型及代号

准驾车型	代号	准驾的车辆	准予驾驶的其他准驾车型
大型客车	A1	大型载客汽车	A3、B1、B2、C1、C2、C3、C4、C5（上肢残疾人专用小型自动档载客汽车）M
重型牵引挂车	A2	总质量大于4500kg的汽车列车	B1、B2、C1、C2、C3、C4、C5（上肢残疾人专用小型自动档载客汽车）、C6、M
城市公交车	A3	核载10人以上的城市公共汽车	C1、C2、C3、C4、C5（上肢残疾人专用小型自动档载客汽车）
中型客车	B1	中型载客汽车（含核载10人以上、19人以下的城市公共汽车）	C1、C2、C3、C4、C5（上肢残疾人专用小型自动档载客汽车）M
大型货车	B2	重型、中型载货汽车；重型、中型专项作业车	C1、C2、C3、C4、C5（上肢残疾人专用小型自动档载客汽车）
小型汽车	C1	小型、微型载客汽车以及轻型、微型载货汽车；轻型、微型专项作业车	C2、C3、C4、C5（上肢残疾人专用小型自动档载客汽车）
小型自动档汽车	C2	小型、微型自动档载客汽车以及轻型、微型自动档载货汽车；轻型、微型自动档专项作业车	C5（上肢残疾人专用小型自动档载客汽车）
低速载货汽车	C3	低速载货汽车	C4
三轮汽车	C4	三轮汽车	
残疾人专用小型自动档载客汽车	C5	残疾人专用小型、微型自动档载客汽车（允许上肢、右下肢或者双下肢残疾人驾驶）	
轻型牵引挂车	C6	总质量小于（不包含等于）4500kg的汽车列车	
普通三轮摩托车	D	发动机排量大于50mL或者最大设计车速大于50km/h的三轮摩托车	E、F
普通二轮摩托车	E	发动机排量大于50mL或者最大设计车速大于50km/h的二轮摩托车	F
轻便摩托车	F	发动机排量小于等于50mL，最大设计车速小于等于50km/h的摩托车	
轮式专用机械车	M	轮式专用机械车	
无轨电车	N	无轨电车	
有轨电车	P	有轨电车	

机动车驾驶证有效期分为六年、十年和长期，初次申领的机动车驾驶证的有效期为六年。

3. 机动车驾驶证申请条件

申请小型汽车、小型自动档汽车、残疾人专用小型自动档载客汽车的，在 18 周岁以上。申请低速载货汽车的，在 18 周岁以上，60 周岁以下。

年龄在 70 周岁以上能够通过记忆力、判断力、反应力等能力测试的，可以申请小型汽车、小型自动档汽车、残疾人专用小型自动档载客汽车、轻便摩托车准驾车型的机动车驾驶证。

初次申领机动车驾驶证的，可以申请准驾大型货车、小型汽车、小型自动档汽车、低速载货汽车、三轮汽车、残疾人专用小型自动档载客汽车、普通三轮摩托车、普通二轮摩托车等机动车驾驶证。

有下列情形之一的，不得申请机动车驾驶证：
（1）有红绿色盲、癫痫病、精神病等妨碍安全驾驶疾病的；
（2）三年内有吸食、注射毒品行为或者解除强制隔离戒毒措施未满三年；
（3）造成交通事故后逃逸构成犯罪的；
（4）饮酒后或者醉酒驾驶机动车发生重大交通事故构成犯罪的。

4. 驾驶人考试内容和考试标准

小型汽车、低速载货汽车科目二考试内容包括倒车入库、坡道定点停车和起步、侧方停车、曲线行驶、直角转弯。小型自动档汽车、残疾人专用小型自动档载客汽车考试倒车入库、侧方停车、曲线行驶、直角转弯。科目三考试分为道路驾驶技能考试和安全文明驾驶常识考试两部分。科目二考试满分为 100 分，成绩达到 80 分的为合格；科目三道路驾驶技能和安全文明驾驶常识考试满分分别为 100 分，成绩分别达到 90 分的为合格。

申请人的学习驾驶证明的有效期为三年，但有效期截止日期不得超过申请年龄条件上限。在学习驾驶证明有效期内，科目二和科目三道路驾驶技能考试预约考试的次数分别不得超过五次。申请人因故不能按照预约时间参加考试的，应当提前一日申请取消预约。对申请人未按照预约考试时间参加考试的，判定该次考试不合格。

申请人在考试过程中有贿赂、舞弊行为的，取消考试资格，已经通过考试的其他科目成绩无效，公安机关交通管理部门处二千元以下罚款；申请人在一年内不得再次申领机动车驾驶证。

申请人以欺骗、贿赂等不正当手段取得机动车驾驶证的，公安机关交通管理部门收缴机动车驾驶证，撤销机动车驾驶许可，处二千元以下罚款，申请人在三年内不得再次申领机动车驾驶证。

申请人隐瞒有关情况或者提供虚假材料申请机动车驾驶证的，公安机关交通管理部门不予受理或者不予办理，处五百元以下罚款，申请人在一年内不得再次申请机动车驾驶证。

5. 驾驶证实习期

机动车驾驶人初次取得汽车类准驾车型后的 12 个月为实习期。在实习期内驾驶机动车的，应当在车身后部粘贴或者悬挂统一式样的实习标志。驾驶人在实习期内驾驶机动车上高速公路行驶，应当由持相应或者包含其准驾车型驾驶证三年以上的驾驶人陪同。机动车驾驶人在实习期内驾驶机动车不得牵引挂车。

6. 有效期满、转入、变更换证

机动车驾驶人在机动车驾驶证的六年有效期内，每个记分周期均未记满 12 分的，换发十年有效期的机动车驾驶证。在机动车驾驶证的十年有效期内，每个记分周期均未记满 12 分的，换发长期有效的机动车驾驶证。

机动车驾驶人应当于机动车驾驶证有效期满前九十日内，向机动车驾驶证核发地或者核发地以外的车辆管理所申请换证。有效期满换领驾驶证时，须提交医疗机构出具的身体条件证明。

机动车驾驶人户籍迁出原车辆管理所管辖区的，应当向迁入地车辆管理所申请换证。机动车驾驶人在核发地车辆管理所管辖区以外居住的，可以向居住地车辆管理所申请换证。机动车驾驶人自愿降低准驾车型的，应当到机动车驾驶证核发地或者核发地以外的车辆管理所换领准驾车型的机动车驾驶证。

在车辆管理所管辖区域内，机动车驾驶证记载的机动车驾驶人信息发生变化的，机动车驾驶人应当在三十日内到机动车驾驶证核发地或者核发地以外的车辆管理所申请换证。

7. 驾驶证遗失补证

机动车驾驶证遗失的，机动车驾驶人应当向机动车驾驶证核发地或者核发地以外的车辆管理所申请补发。机动车驾驶人补领机动车驾驶证后，原机动车驾驶证作废，不得继续使用。机动车驾驶证被依法扣押、扣留或者暂扣期间，机动车驾驶人不得申请补发。

8. 违法记分管理制度

公安机关交通管理部门对机动车驾驶人的道路交通安全违法行为，除给予依法行政处罚外，实行道路交通安全违法行为累积记分制度，记分周期（即记分周期）为 12 个月，满分为 12 分。

9. 驾驶证注销

机动车驾驶人被查获有吸食、注射毒品后驾驶机动车行为，依法被责令社区戒毒、社区康复或者决定强制隔离戒毒，或者长期服用依赖性精神药品成瘾尚未戒除的，或者超过机动车驾驶证有效期一年以上未换证的，车辆管理所应当注销其机动车驾驶证。

超过机动车驾驶证有效期一年以上未换证，被注销机动车驾驶证未超过两年的，机动车驾驶人参加道路交通安全法律、法规和相关知识考试合格后，可以恢复驾驶资格。

被注销机动车驾驶证后，机动车驾驶证在有效期内或者超过有效期不满一年的，机动车驾驶人提交身体条件证明后，可以恢复驾驶资格。

机动车驾驶人在实习期内发生道路交通安全违法行为被记满12分的，注销其实习的准驾车型驾驶资格。

10. 驾驶证审验

机动车驾驶证有效期满换领驾驶证时，应当接受公安机关交通管理部门的审验。持有大中型客货车准驾车型以外的准驾车型驾驶证的驾驶人，发生交通事故造成人员死亡承担同等以上责任未被吊销机动车驾驶证的，应当在本记分周期结束后三十日内到公安机关交通管理部门接受审验。机动车驾驶人可以在机动车驾驶证核发地或者核发地以外的地方参加审验、提交身体条件证明。

机动车驾驶证审验内容包括：

（一）道路交通安全违法行为、交通事故处理情况；

（二）身体条件情况；

（三）道路交通安全违法行为记分及记满12分后参加学习和考试情况。

机动车驾驶人因服兵役、出国（境）等原因，无法在规定时间内办理驾驶证期满换证、审验、提交身体条件证明的，可以在驾驶证有效期内或者有效期届满一年内，向机动车驾驶证核发地车辆管理所申请延期办理。延期期限最长不超过三年。延期期间，机动车驾驶人不得驾驶机动车。

11. 驾驶人体检

年龄在70周岁以上的机动车驾驶人，应当每年进行一次身体检查，检查是否患有妨碍安全驾驶的疾病。在记分周期结束后三十日内，提交医疗机构出具的有关身体条件的证明。

12. 法律责任

机动车驾驶人补领机动车驾驶证后，继续使用原机动车驾驶证的，由公安机关交通管理部门处二十元以上二百元以下罚款。

持有大型客车、重型牵引挂车、城市公交车、中客车、大型货车驾驶人从业单位等信息发生变化的，应当在信息变更后三十日内，向驾驶证核发地车辆管理所备案。未按规定申报变更信息的，由公安机关交通管理部门处二十元以上二百元以下罚款。

（二）道路交通安全违法行为记分

道路交通安全违法行为记分周期为12个月，满分为12分。记分周期自机动车驾驶人初次领取机动车驾驶证之日起连续计算，或者自初次取得临时机动车驾驶许可之日起累积计算。

1. 记分分值

根据交通违法行为的严重程度，一次记分的分值为12分、9分、6分、3分、1分。

道路交通安全违法行为记分分值

记分分值	交通违法行为记分项目
一次记12分	（1）饮酒后驾驶机动车的
	（2）造成致人轻伤以上或者死亡的交通事故后逃逸，尚不构成犯罪的
	（3）使用伪造、变造的机动车号牌、行驶证、驾驶证、校车标牌或者使用其他机动车号牌、行驶证的
	（4）驾驶校车、公路客运汽车、旅游客运汽车载人超过核定人数20%以上，或者驾驶其他载客汽车载人超过核定人数100%以上的
	（5）驾驶校车、中型以上载客载货汽车、危险物品运输车辆在高速公路、城市快速路上行驶超过规定时速20%以上，或者驾驶其他机动车在高速公路、城市快速路上行驶超过规定时速50%以上的
	（6）驾驶机动车在高速公路、城市快速路上倒车、逆行、穿越中央分隔带掉头的
	（7）代替实际机动车驾驶人接受交通违法行为处罚和记分牟取经济利益的

记分分值	交通违法行为记分项目
一次记9分	（1）驾驶7座以上载客汽车载人超过核定人数50%以上未达到100%的
	（2）驾驶校车、中型以上载客载货汽车、危险物品运输车辆在高速公路、城市快速路以外的道路上行驶超过规定时速50%以上的
	（3）驾驶机动车在高速公路或者城市快速路上违法停车的
	（4）驾驶未悬挂机动车号牌或者故意遮挡、污损机动车号牌的机动车上道路行驶的
	（5）驾驶与准驾车型不符的机动车的
	（6）未取得校车驾驶资格驾驶校车的
	（7）连续驾驶中型以上载客汽车、危险物品运输车辆超过4小时未停车休息或者停车休息时间少于20分钟的
一次记6分	（1）驾驶校车、公路客运汽车、旅游客运汽车载人超过核定人数未达到20%，或者驾驶7座以上载客汽车载人超过核定人数20%以上未达到50%，或者驾驶其他载客汽车载人超过核定人数50%以上未达到100%的
	（2）驾驶校车、中型以上载客载货汽车、危险物品运输车辆在高速公路、城市快速路上行驶超过规定时速未达到20%，或者在高速公路、城市快速路以外的道路上行驶超过规定时速20%以上未达到50%的
	（3）驾驶校车、中型以上载客载货汽车、危险物品运输车辆以外的机动车在高速公路、城市快速路上行驶超过规定时速20%以上未达到50%，或者在高速公路、城市快速路以外的道路上行驶超过规定时速50%以上的
	（4）驾驶载货汽车载物超过最大允许总质量50%以上的
	（5）驾驶机动车载运爆炸物品、易燃易爆化学物品以及剧毒、放射性等危险物品，未按指定的时间、路线、速度行驶或者未悬挂警示标志并采取必要的安全措施的
	（6）驾驶机动车运载超限的不可解体的物品，未按指定的时间、路线、速度行驶或者未悬挂警示标志的
	（7）驾驶机动车运输危险化学品，未经批准进入危险化学品运输车辆限制通行的区域的
	（8）驾驶机动车不按交通信号灯指示通行的
	（9）机动车驾驶证被暂扣或者扣留期间驾驶机动车的
	（10）造成致人轻微伤或者财产损失的交通事故后逃逸，尚不构成犯罪的
	（11）驾驶机动车在高速公路或者城市快速路上违法占用应急车道行驶的
一次记3分	（1）驾驶校车、公路客运汽车、旅游客运汽车、7座以上载客汽车以外的其他载客汽车载人超过核定人数20%以上未达到50%的
	（2）驾驶校车、中型以上载客载货汽车、危险物品运输车辆以外的机动车在高速公路、城市快速路以外的道路上行驶超过规定时速20%以上未达到50%的
	（3）驾驶机动车在高速公路或者城市快速路上不按规定车道行驶的
	（4）驾驶机动车不按规定超车、让行，或者在高速公路、城市快速路以外的道路上逆行的
	（5）驾驶机动车遇前方机动车停车排队或者缓慢行驶时，借道超车或者占用对面车道、穿插等候车辆的
	（6）驾驶机动车有拨打、接听手持电话等妨碍安全驾驶的行为的
	（7）驾驶机动车行经人行横道不按规定减速、停车、避让行人的
	（8）驾驶机动车不按规定避让校车的
	（9）驾驶载货汽车载物超过最大允许总质量30%以上未达到5%的，或者违反规定载客的

记分分值	交通违法行为记分项目
一次记3分	（10）驾驶不按规定安装机动车号牌的机动车上道路行驶的
	（11）在道路上车辆发生故障、事故停车后，不按规定使用灯光或者设置警告标志的
	（12）驾驶未按规定定期进行安全技术检验的公路客运汽车、旅游客运汽车、危险物品运输车辆上道路行驶的
	（13）驾驶校车上道路行驶前，未对校车车况是否符合安全技术要求进行检查，或者驾驶存在安全隐患的校车上道路行驶的
	（14）连续驾驶载货汽车超过4小时未停车休息或者停车休息时间少于20分钟的
	（15）驾驶机动车在高速公路上行驶低于规定最低时速的
一次记1分	（1）驾驶校车、中型以上载客载货汽车、危险物品运输车辆在高速公路、城市快速路以外的道路上行驶超过规定时速10%以上未达到20%的
	（2）驾驶机动车不按规定会车，或者在高速公路、城市快速路以外的道路上不按规定倒车、掉头的
	（3）驾驶机动车不按规定使用灯光的
	（4）驾驶机动车违反禁令标志、禁止标线指示的
	（5）驾驶机动车载货长度、宽度、高度超过规定的
	（6）驾驶载货汽车载物超过最大允许总质量未达到30%的
	（7）驾驶未按规定定期进行安全技术检验的公路客运汽车、旅游客运汽车、危险物品运输车辆以外的机动车上道路行驶的
	（8）驾驶擅自改变已登记的结构、构造或者特征的载货汽车上道路行驶的
	（9）驾驶机动车在道路上行驶时，机动车驾驶人未按规定系安全带的

2．记分执行

公安机关交通管理部门对机动车驾驶人的交通违法行为，在作出行政处罚决定的同时予以记分。机动车驾驶人有二起以上交通违法行为应当予以记分的，记分分值累积计算。机动车驾驶人可以一次性处理完毕同一辆机动车的多起交通违法行为记录，记分分值累积计算。

机动车驾驶人在一个记分周期限届满，累积记分未满12分的，该记分周期内的记分予以清除；累积记分虽未满12分，但有罚款逾期未缴纳的，该记分周期内尚未缴纳罚款的交通违法行为记分分值转入下一记分周期。

3．满分处理

小型机动车驾驶人在一个记分周期内累积记分满12分的，应当参加为期七天的道路交通安全法律、法规和相关知识学习。在一个记分周期内参加满分教育的次数每增加一次或者累积记分每增加12分，道路交通安全法律、法规和相关知识的学习时间增加七天，每次满分学习的天数最多六十天。

驾驶人可以在机动车驾驶证核发地或者交通违法行为发生地、处理地参加公安机关交通管理部门组织的道路交通安全法律、法规和相关知识学习，并在学习地参加考试。机动车驾驶人经满分学习、考试合格且罚款已缴纳的，记分予以清除，发还机动车驾驶证。

4．记分减免

机动车驾驶人处理完交通违法行为记录后累积记分未满12分，参加公安机关交通管理部门组织的交通安全教育并达到规定要求的，可以申请在机动车驾驶人现有累积记分分值中扣减记分。在一个记分周期内累计最高扣减6分。

5．法律责任

机动车驾驶人在一个记分周期内累积记分满12分，机动车驾驶证未被依法扣留或者收到满分教育通知书后三十日内拒不参加公安机关交通管理部门通知的满分学习、考试的，由公安机关交通管理部门公告其机动车驾驶证停止使用。

机动车驾驶人请他人代为接受交通违法行为处罚和记分并支付经济利益的，由公安机关交通管理部门处所支付经济利益三倍以下罚款，但最高不超过五万元；同时，依法对原交通违法行为作出处罚。

（三）机动车登记和使用规定

1. 注册登记

初次申领机动车号牌、行驶证的，机动车所有人应当向住所地的车辆管理所申请注册登记。机动车达到国家规定的强制报废标准的，车辆管理所不预办理注册登记。

2. 变更登记

已注册登记的机动车，改变车身颜色、更换发动机、更换车身或者车架的，应当向登记地车辆管理所申请变更登记。

3. 转让登记

已注册登记的机动车，机动车所有人住所在车辆管理所管辖区域内迁移或者机动车所有人姓名（单位名称）、联系方式变更的，应当向登记地车辆管理所备案。发动机号码、车辆识别代号因磨损、锈蚀、事故等原因辨认不清或者损坏的，应当在信息或者事项变更后三十日内，向登记地车辆管理所申请备案。

4. 抵押登记

机动车所有人申请转让登记前，应当将涉及该车的道路交通安全违法行为和交通事故处理完毕。在机动车抵押登记期间申请转让登记的，应当由原机动车所有人、现机动车所有人和抵押权人共同申请，车辆管理所一并办理新的抵押登记。

5. 注销登记

已注册登记的机动车已达到国家强制报废标准的，机动车所有人应当向登记地车辆管理所申请注销登记。

6. 登记证书、号牌、行驶证灭失、丢失或损毁

购买、调拨、赠予等方式获得机动车后尚未注册登记，需要临时上道路行驶的，机动车所有人应当向车辆管理所申领临时行驶车号牌。

机动车号牌、行驶证灭失、丢失或者损毁的，机动车所有人应当向登记地车辆管理所申请补领、换领。

7. 法律责任

有下列情形之一的，由公安机关交通管理部门处警告或者200元以下罚款：

（1）载货汽车及挂车未按照规定安装侧面及后下部防护装置、粘贴车身反光标识的；

（2）机动车未按照规定期限进行安全技术检验的。

二、道路通行条件及通行规定

（一）道路交通信号

全国实行统一的道路交通信号。道路交通信号包括交通信号灯、道路交通标志、道路交通标线和交通警察指挥手势。

1. 交通信号灯的分类、含义、识别和作用

交通信号灯分为机动车信号灯、非机动车信号灯、人行横道信号灯、车道信号灯、方向指示信号灯、闪光警告信号灯、道路与铁路平面交叉道口信号灯。

交通信号灯有红、黄、绿三种颜色，红灯亮表示禁止通行，绿灯亮表示准许通行，黄灯亮表示警示。

（1）红灯

驾驶机动车在路口直行遇到红灯亮时，要停在路口停止线以外等待放行信号。右转弯时，在不妨碍被放行车辆、行人通行的情况下，可以转弯。

禁止通行信号　　警示信号　　准许通行信号

在这种信号灯亮的路口只允许机动车向右转弯

驾驶机动车在交叉路口直行遇到红色信号灯亮时，要停在路口停止线以外，不得越过停止线或加速通过。

在路口遇到红色信号灯亮时，不得越过停止线

驾驶机动车在交叉路口，车前轮已越过停止线恰好红色信号灯亮时，要停车等待，不得继续通行。

在路口这个位置，不得继续通行

驾驶机动车在交叉路口右转弯遇到红色信号灯亮时，在不妨碍被放行车辆、行人通行情况下，可以转弯。

在红色信号灯亮的路口，可以右转弯

（2）绿灯

驾驶机动车在路口遇到绿色信号灯亮时，准许车辆直行、向左转弯、向右转弯通行。要在确保安全的前提下，尽快通行，转弯车辆不能妨碍被放行的直行车辆、行人通行。

在这种信号灯亮的路口允许机动车直行、向左转弯、向右转弯

驾驶机动车在交叉路口直行遇到绿色信号灯亮时，表示前方路口允许机动车通行，要在确保安全的前提下，尽快通过路口。

在绿色信号灯亮的路口，不得在停止线前停车瞭望

驾驶机动车在交叉路口右转弯遇到绿色信号灯亮时，在不妨碍被放行车辆、行人通行情况下，可以转弯。

在路口遇到绿色信号灯亮时，允许右转弯

驾驶机动车在绿色信号灯亮的交叉路口左转弯，遇到对面有直行车辆时，要在对面车辆通过后再转弯，不可在对面直行车前直接向左转弯。

在路口遇到绿色信号灯亮时，不可在对面直行车前直接向左转弯

（3）黄灯

驾驶机动车看到黄色信号灯亮时，说明前方路口或道路是危险路段，需要暂时清空。已经越过停止线的车辆可以继续通行，没有越过停止线的车辆不得进入路口，不能加速通过交叉路口，要在停止线以外停车等待。

在这种信号灯亮的路口，不能越线加速通过

交叉路口黄色信号灯亮表示警示，已经越过停止线的车辆可以继续行驶，没有越过停止线的车辆不得进入路口。

在路口遇到黄色信号灯亮时表示警示

驾驶机动车在交叉路口看到黄色信号灯亮时,要在停止线以外停车等待,不得加速强行通过。

在路口遇到黄色信号灯亮时,不得越线通行

驾驶机动车在交叉路口右转弯遇到黄色信号灯亮时,在不妨碍被放行车辆、行人通行情况下,可以转弯。

在路口遇到黄色信号灯亮时,允许右转弯

（4）车道灯

驾驶机动车遇到车道上方有信号灯的路段,要选择绿色箭头灯亮的车道通行,不能进入红色叉形灯或者红色箭头灯亮的车道。

最左和最右车道,绿色箭头灯亮;中间车道红色叉形灯亮。在这种情况,中间车道禁止驶入。

车道信号灯绿色箭头灯亮时,准许本车道车辆按指示方向通行,驾驶机动车要选择绿色箭头灯亮的车道行驶。

遇到这种情况,选择绿色箭头灯亮的车道行驶

红色叉形灯或者红色箭头灯亮时,禁止本车道车辆通行,驾驶机动车不得进入红色叉形灯或红色箭头灯亮的车道行驶。

遇到这种情况,禁止车辆在两侧车道通行

驾驶机动车在有车道信号灯的路段,要注意观察信号灯,提前变更车道进入绿色箭头灯亮的车道行驶。

遇到这种情况,中间车道不允许车辆通行

（5）方向指示信号灯

驾驶机动车在有方向指示信号灯的路口,按绿色箭头灯亮指示的方向行驶,红色箭头灯亮指示的方向禁止通行。

在这种信号灯亮的路口允许车辆向右转弯

方向指示信号灯的箭头方向向左、向上、向右分别表示左转、直行、右转。

这个路口允许车辆向右转弯,不能直行和左转弯

驾驶机动车在交叉路口看到绿色箭头灯亮的方向,表示允许车辆通行。

这个路口允许车辆向左转弯

驾驶机动车在交叉路口看到红色箭头灯亮的方向，表示禁止车辆通行。

这个路口禁止车辆向左转弯

（6）黄色闪光警告灯

驾驶机动车在路口遇到黄色闪光警告灯持续闪烁时，要减速注意瞭望，确认安全后通过。

在这种信号灯亮的路口，车辆要减速注意瞭望，确认安全后通过

驾驶机动车遇到持续闪烁的黄色闪光警告灯时，要减速行驶，注意瞭望，确认安全后通过。

遇到这种情况，不得加速通过

（7）道路与铁路平面交叉道口灯

驾驶机动车在道路与铁路平面交叉道口，遇到两个红灯交替闪烁或者一个红灯亮时，表示禁止车辆、行人通行；红灯熄灭时，表示允许车辆、行人通行。

在红灯亮起的铁路道口表示禁止车辆、行人通行

驾驶机动车在道路与铁路平面交叉道口看到两个红灯交替闪烁时，要在停止线以外停车等待。

遇到这种情况，要在停止线以外停车等待

驾驶机动车在道路与铁路平面交叉道口看到一个红灯亮时，不得越过停止线或加速通过。

遇到这种情况，不得加速通过

驾驶机动车在道路与铁路平面交叉道口看到红灯熄灭时，表示允许车辆通行。

遇到这种情况，允许车辆通行

2. 道路交通标志的分类、含义、识别和作用

道路交通标志分为指示标志、警告标志、禁令标志、指路标志、旅游区标志、道路施工安全标志和辅助标志。

（1）警告标志

警告标志是警告机动车驾驶人前方有危险，谨慎通过。

第一部分　道路交通法律法规和相关知识

路面不平	路面高突	过水路面（漫水桥）	叉形符号
			 表示多股铁路与道路相交，设在铁路道口标志上方

有人看守铁路道口	无人看守铁路道口
 警告前方是有人看守的铁路道口，应减速或停车观察，按照交通信号或管理人员的指挥通行	 警告前方是无人看守的铁路道口，应按照交通信号指示通行，无交通信号时应减速或停车观察，确认安全后再通过

斜杠符号	注意行人	注意儿童
  50米　100米　150米　设在"无人看守铁路道口"标志下方的红色斜杠，表示距无人看守铁路道口的距离，一条斜杠代表50米		

注意牲畜	注意野生动物	注意信号灯	注意横风	注意非机动车

注意残疾人	事故易发路段	慢行	注意危险	施工

建议速度	注意障碍物	注意潮汐车道

11

注意分离式道路		注意保持车距	注意合流	

注意前方车辆排队	注意路面结冰	注意雨（雪）天	注意雾天	注意不利气象条件

避险车道

（2）禁令标志

禁令标志表示禁止、限制及相应解除，机动车驾驶人要严格遵守。

停车让行	减速让行	会车让行	禁止通行	禁止驶入

禁止机动车驶入	禁止载货汽车驶入	禁止电动三轮车驶入	禁止小型客车驶入	禁止大型客车驶入

禁止挂车、半挂车驶入	禁止拖拉机驶入	禁止三轮汽车、低速货车驶入	禁止摩托车驶入	禁止图示的两种车辆驶入

禁止非机动车进入	禁止畜力车进入	禁止人力客运三轮车进入	禁止人力货运三轮车进入	禁止人力车进入

禁止行人进入	禁止向左转弯	禁止向右转弯	禁止直行	禁止向左向右转弯

禁止直行和向左转弯	禁止直行和向右转弯	禁止掉头	禁止超车	解除禁止超车

禁止停车	禁止长时间停车	禁止鸣喇叭	限制宽度	限制高度

限制重量	限制轴重	限制速度	解除限制速度	停车检查

禁止运输危险物品车辆驶入	海关	区域限制速度	区域限制速度解除	区域禁止长时间停车

区域禁止长时间停车解除	区域禁止停车	区域禁止停车解除

（3）指示标志

指示标志用于指示车辆行进，机动车驾驶人要严格遵守。

直行	向左转弯	向右转弯	直行和向左转弯	直行和向右转弯

向左和向右转弯	靠右侧道路行驶	靠左侧道路行驶	立体交叉直行和左转弯行驶	立体交叉直行和右转弯行驶

环岛行驶	单行路（向左或向右）	单行路（直行）	步行	鸣喇叭

最低限速	路口优先通行	会车先行	人行横道	允许掉头

右转车道	左转车道	直行车道	直行和右转合用车道	直行和左转合用车道

掉头车道	掉头和左转合用车道	公交线路专用车道	快速公交系统专用车道	机动车行驶

分向行驶车道		机动车车道	非机动车行驶	非机动车车道

多乘员车辆专用车道	停车位（箭头指示方向有停车区域）			道边缘停车（可占用人行道）

（4）指路标志

指路标志是道路信息的指引，为机动车驾驶人传递道路方向、地点和距离信息。

四车道及以上公路交叉路口预告　　大交通量的四车道及以上公路交叉路口预告

  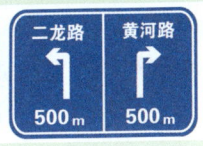

箭头杆上标识公路编号、道路名称的公路交叉路口预告

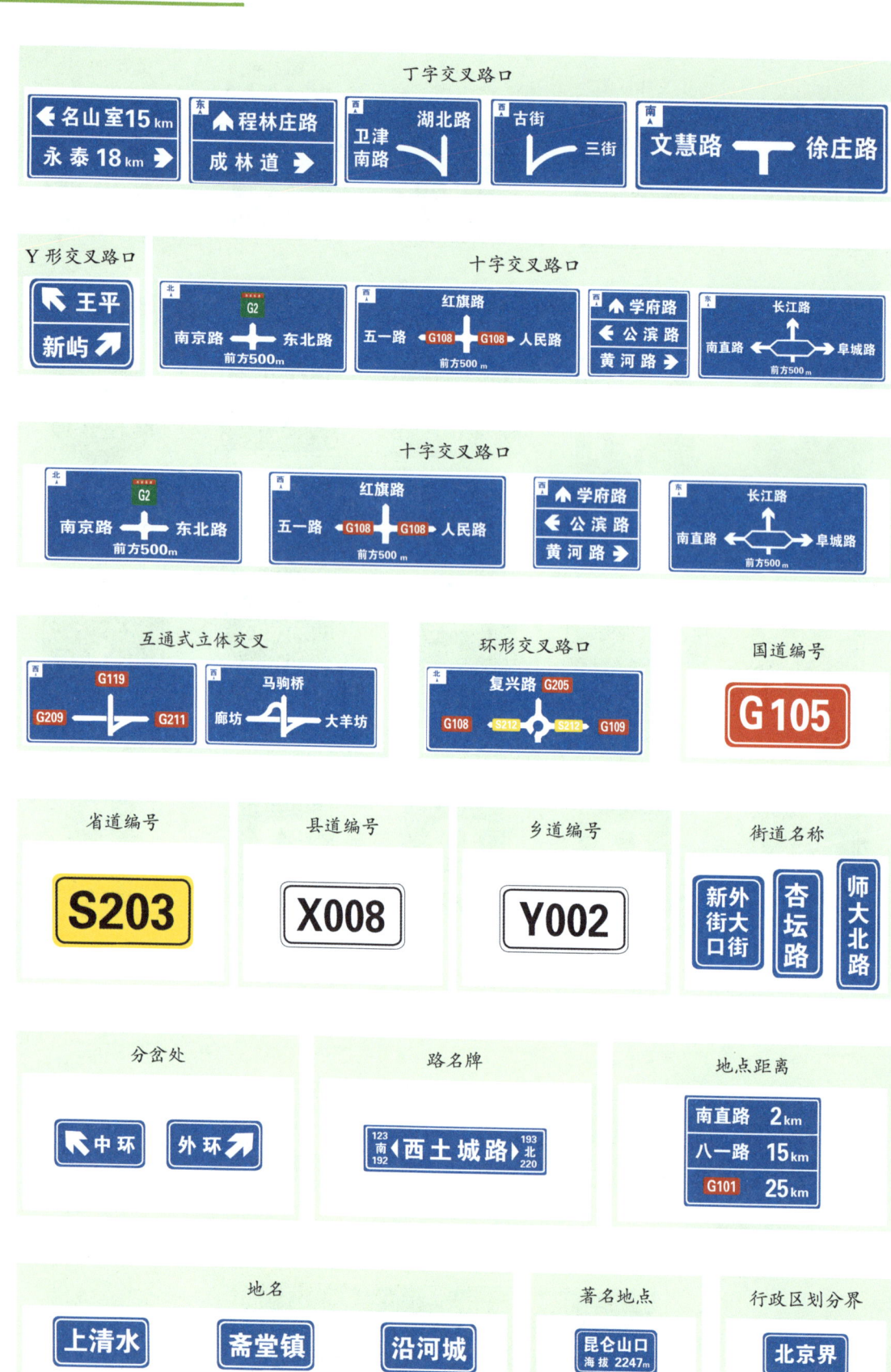

第一部分　道路交通法律法规和相关知识

露天停车场	室内停车场	道路管理分界	错车道

人行天桥	人行地下通道	残疾人专用设施	应急避难设施（场所）	观景台

休息区	绕行

此路不通	交通监控设备	车道数变少	车道数增加

隧道出口距离预告	基本单元	组合使用

两侧通行	右侧通行	左侧通行	入口预告

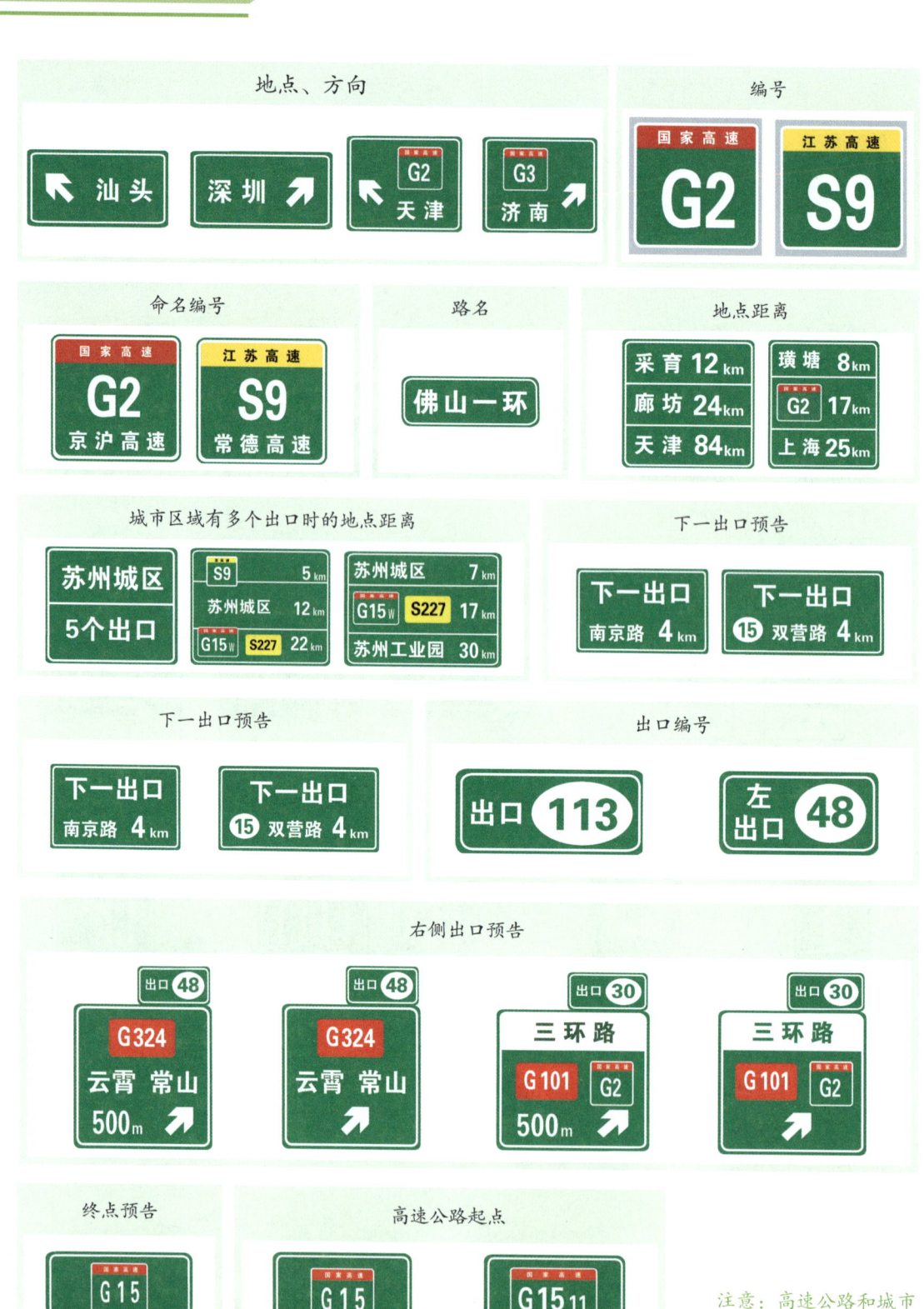

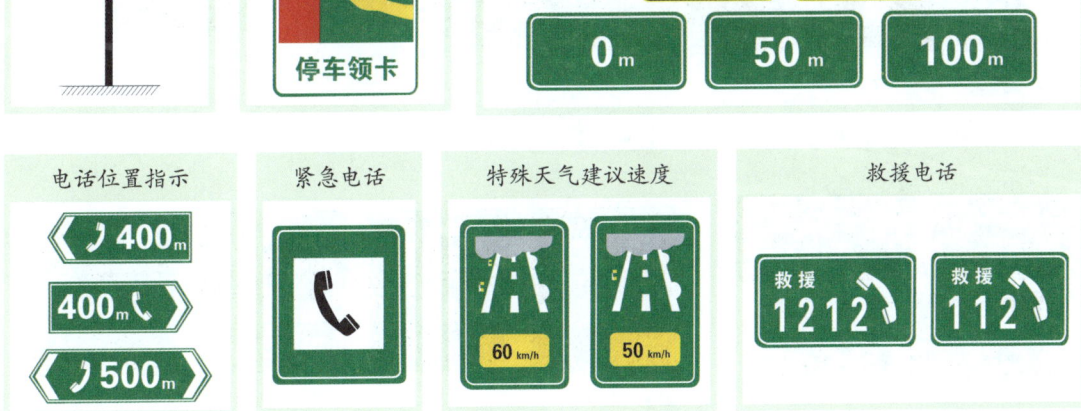

ETC 车道指示	设有电子不停车收费（ETC）车道的收费站预告及收费站

计重收费	加油站	紧急停车带	停车场

服务区预告	停车区预告

停车场预告	设置在指路标志版面外的方向

爬坡车道	超限超载检测站
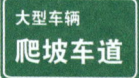   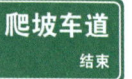	   

设置在指路标志版面中的方向

（5）旅游区标志
旅游区标志提供旅游项目类别、具代表性的符号及前往各旅游景点的指引。

旅游区距离	旅游区方向	问讯处

徒步	索道	野营地	营火

游戏场	骑马	钓鱼	高尔夫球

潜水	游泳	划船	冬季游览区
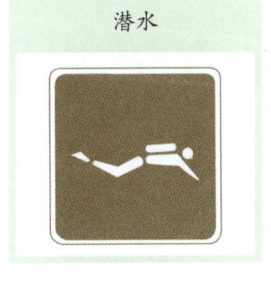			

滑雪	滑冰

3. 道路交通标线的分类、含义、识别和作用
道路交通标线分为指示标线、警告标线、禁止标线。
（1）指示标线
指示标线指示车行道、行车方向、路面边缘、人行道、停车位、停靠站及减速丘等。

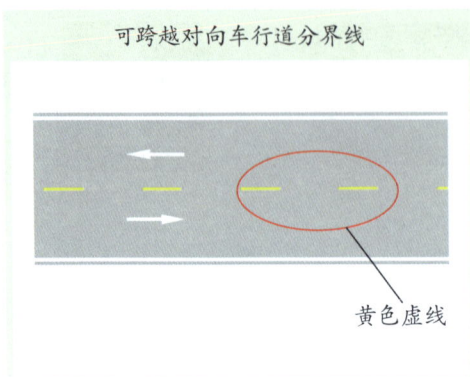

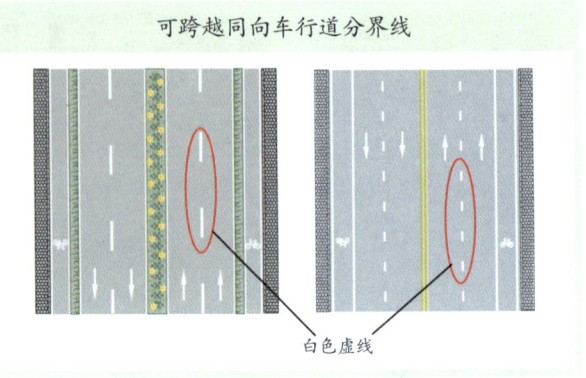

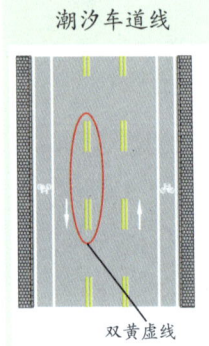

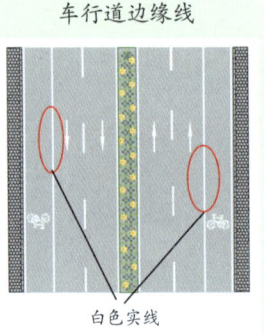

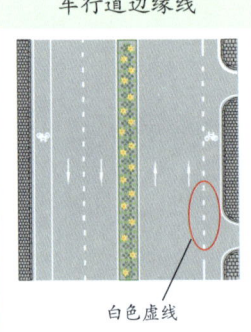

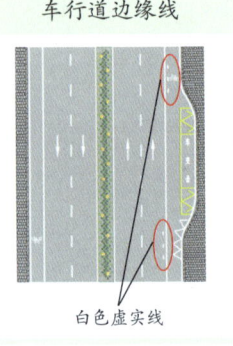

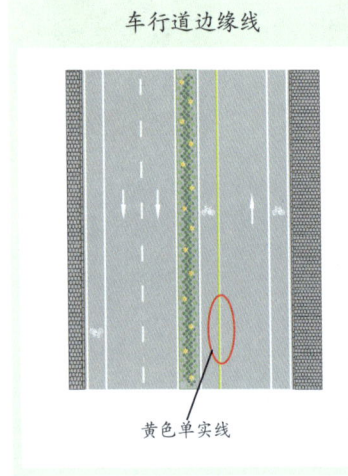

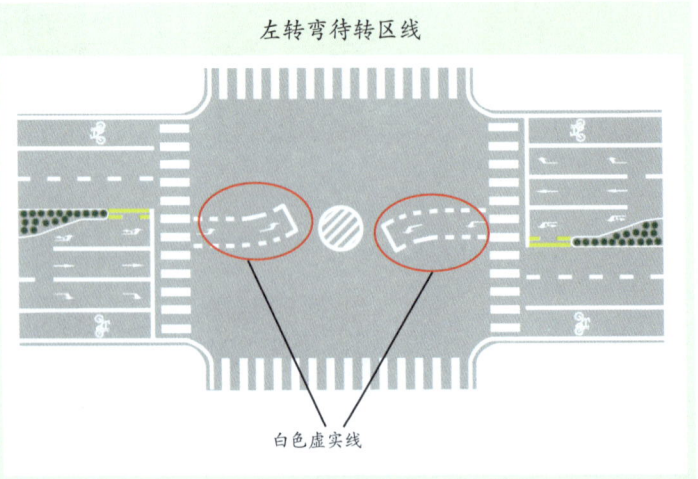

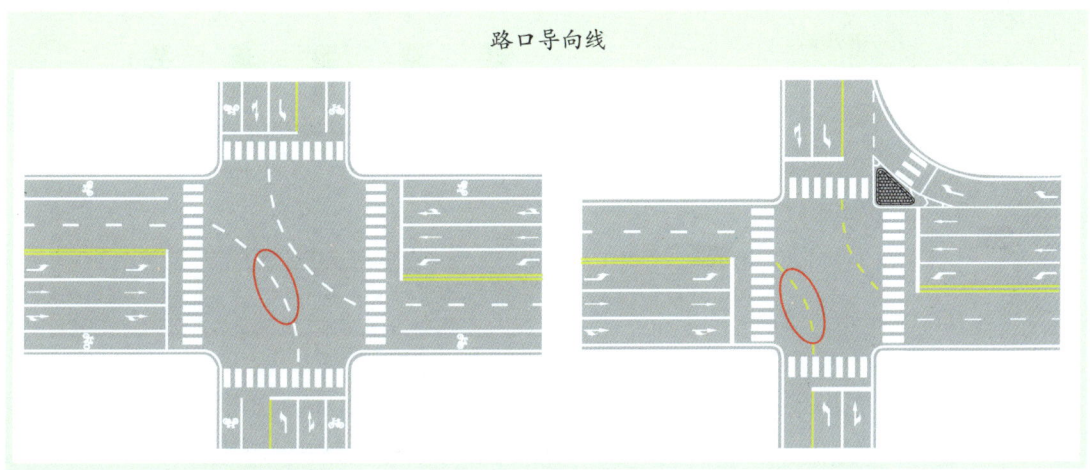

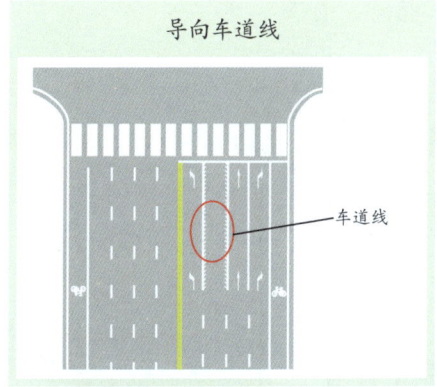
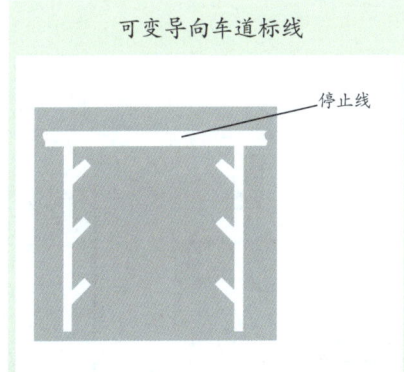

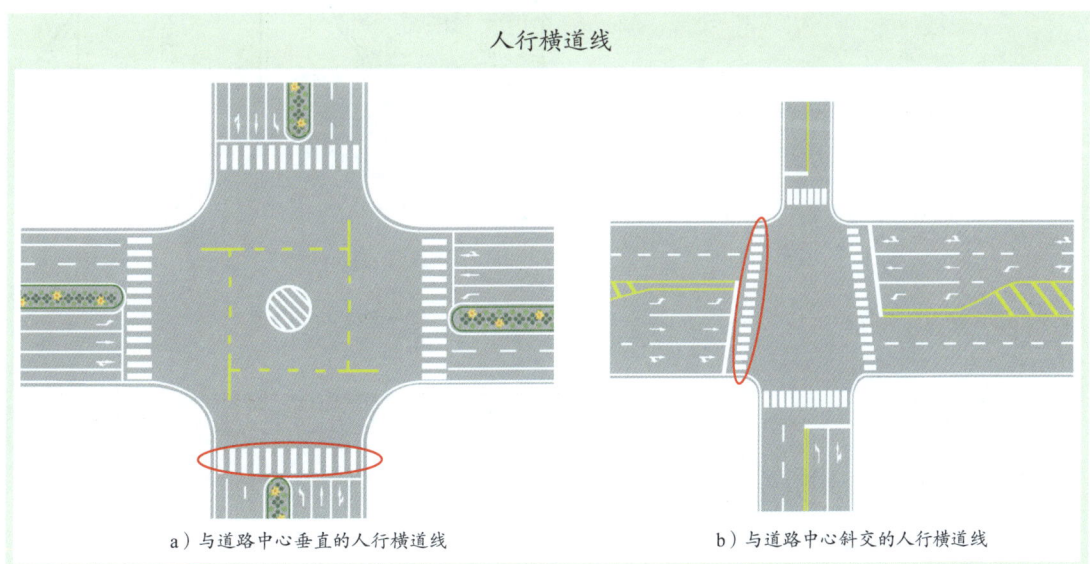

a）与道路中心垂直的人行横道线　　　　　　b）与道路中心斜交的人行横道线

行人左右分道的人行横道线	车距确认线
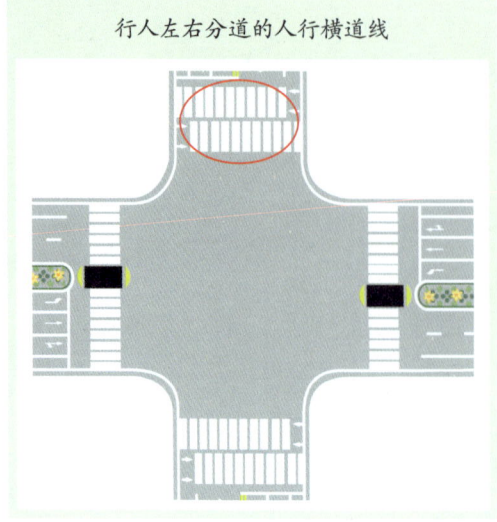	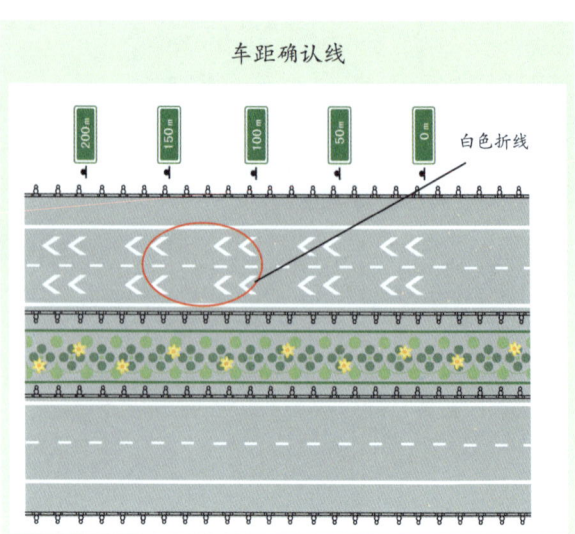

白色半圆状车距确认线	出入口标线
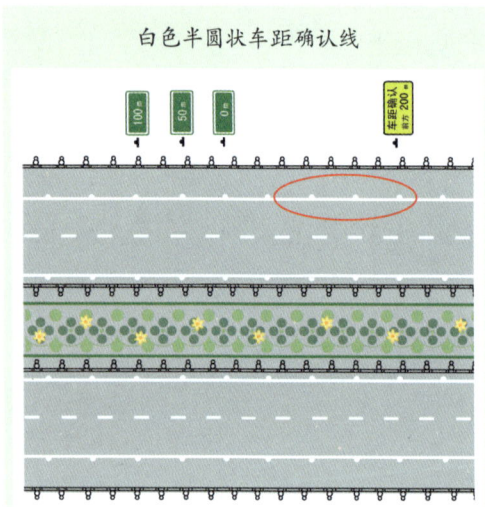	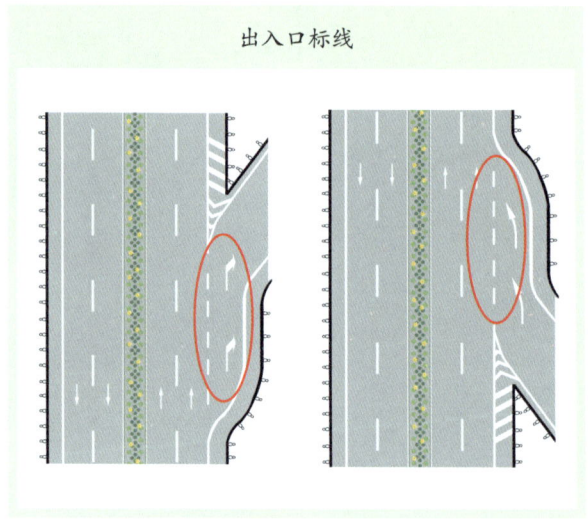

固定停车方向停车位标线	平行式停车位标线
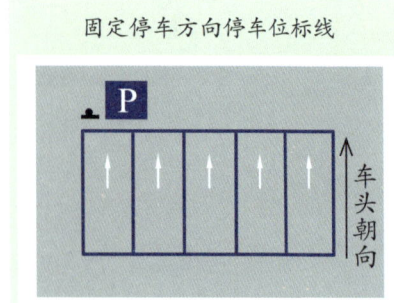	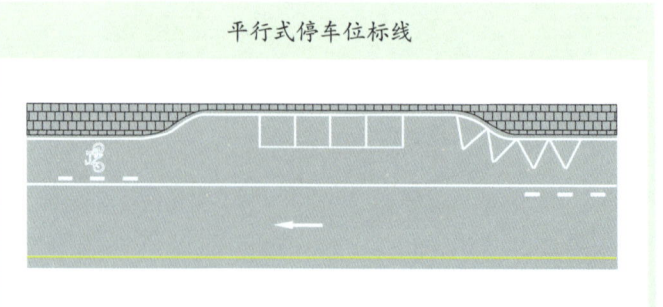

第一部分 道路交通法律法规和相关知识

倾斜式停车位标线	垂直式停车位标线
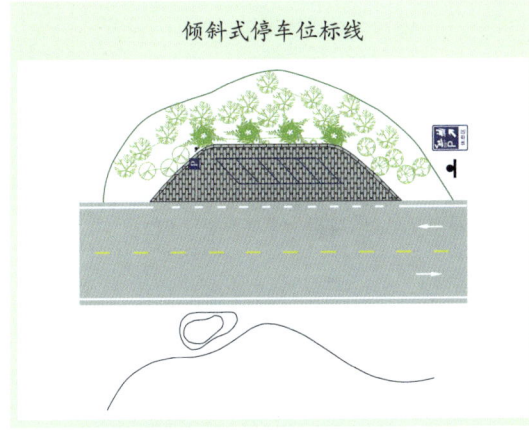	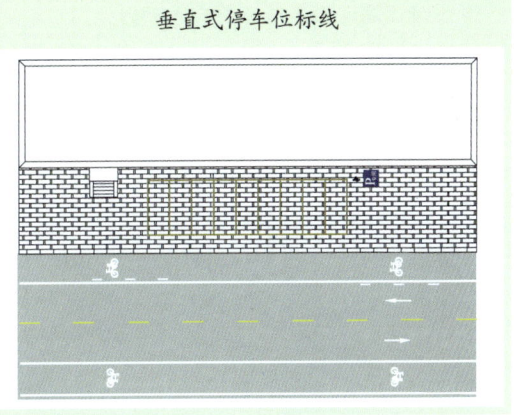
出租车专用待客停车位标线	出租车专用上下客停车位标线
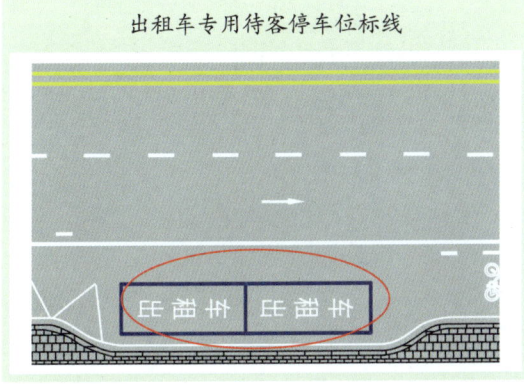	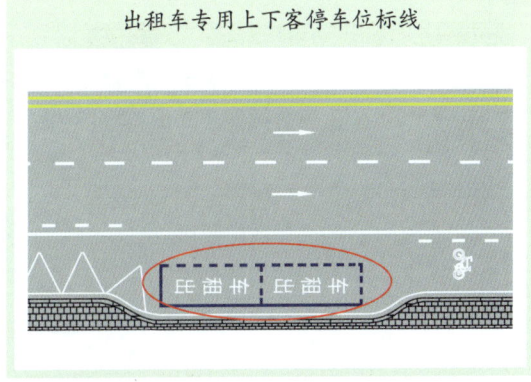
残疾人专用停车位标线	非机动车停车位标线
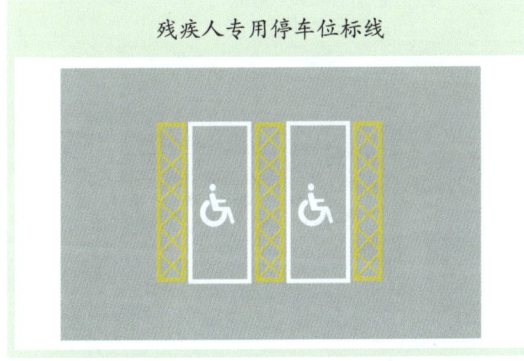	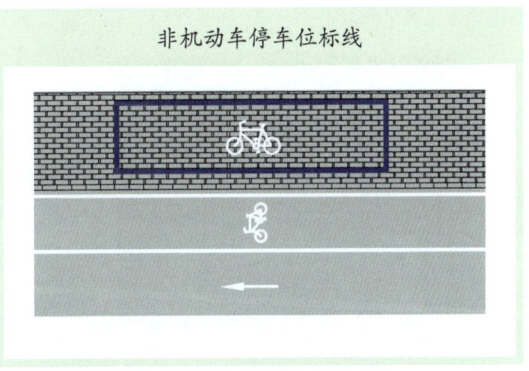
平行式机动车限时停车位标线	倾斜式机动车限时停车位标线
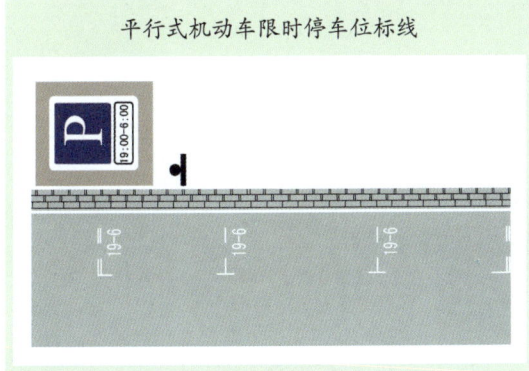	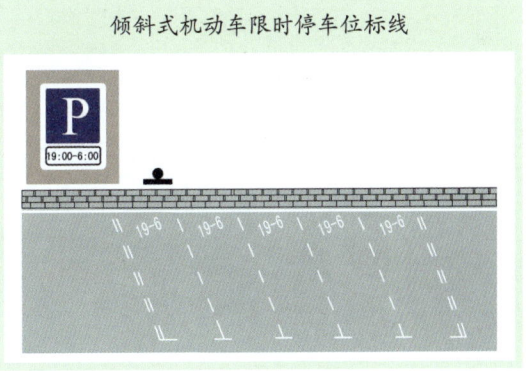

垂直式机动车限时停车位标线
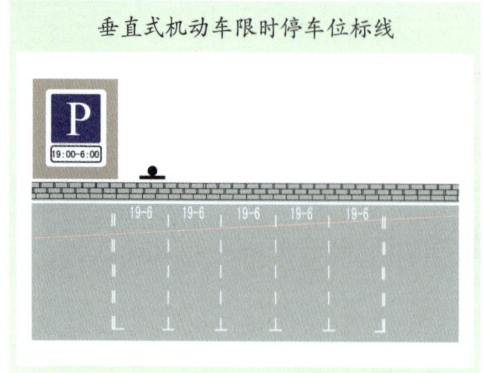

港湾式停靠站标线
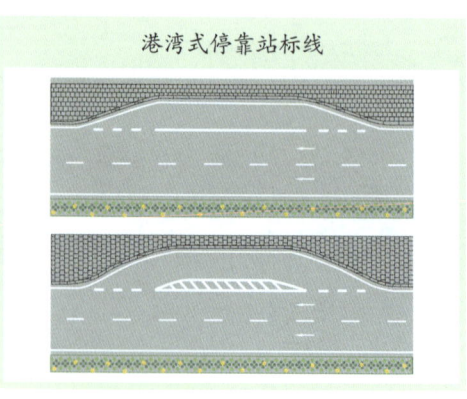

路边式停靠站标线
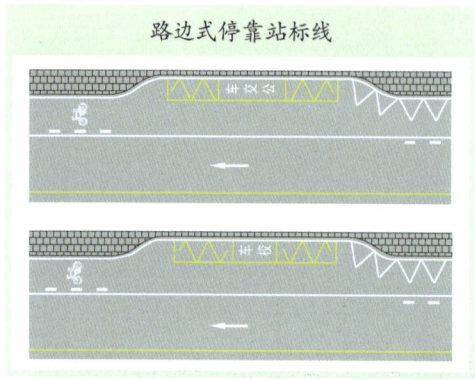

减速丘标线
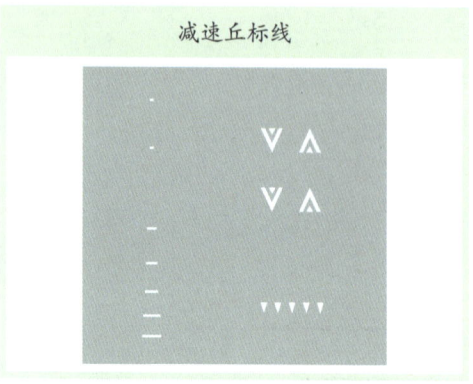

车种专用港湾式停靠站标线
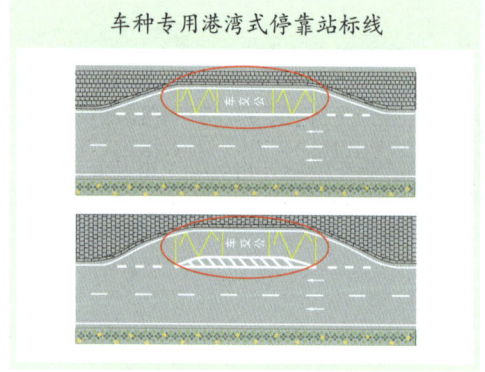

注意前方路面状况标记
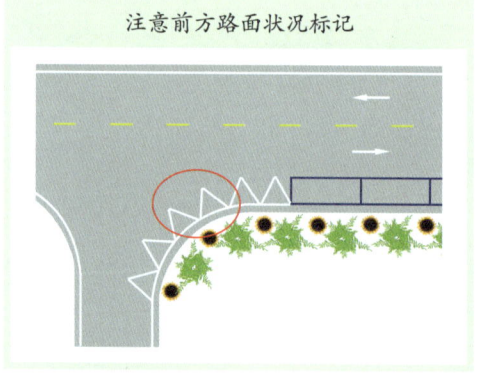

非机动车路面标记

路面限速标记字符

残疾人专用停车位路面标记

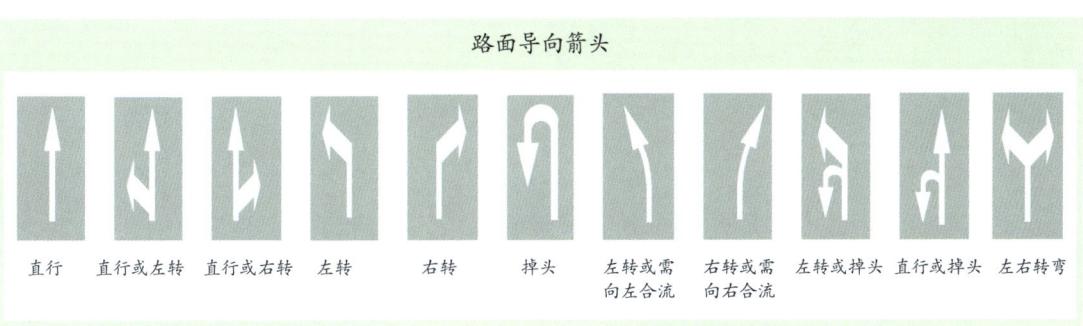

（2）禁止标线

禁止标线告示道路交通的通行、禁止、限制等特殊规定。

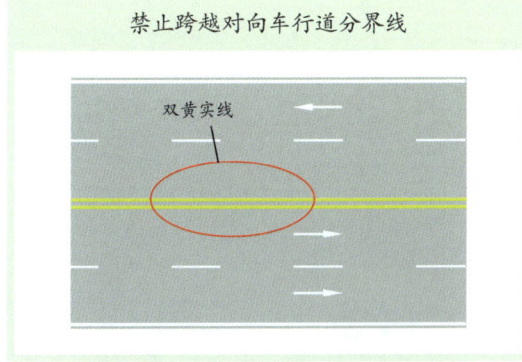

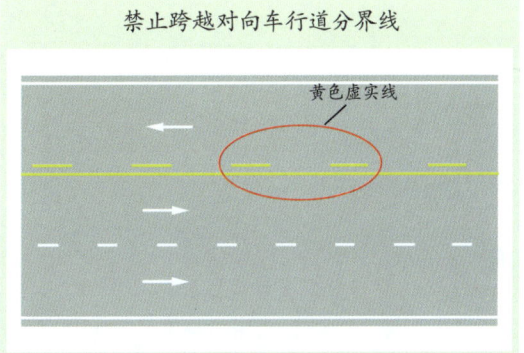

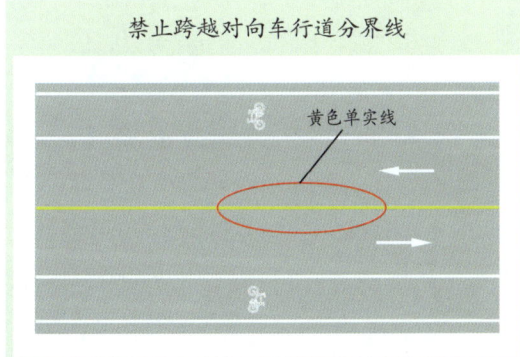

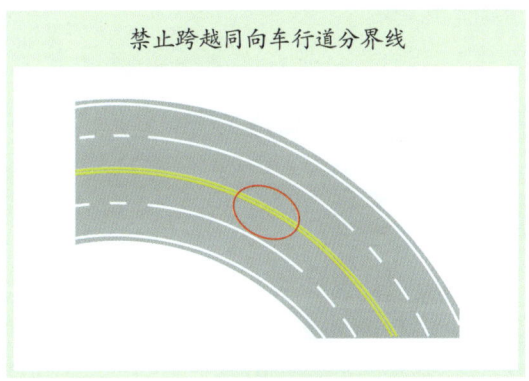

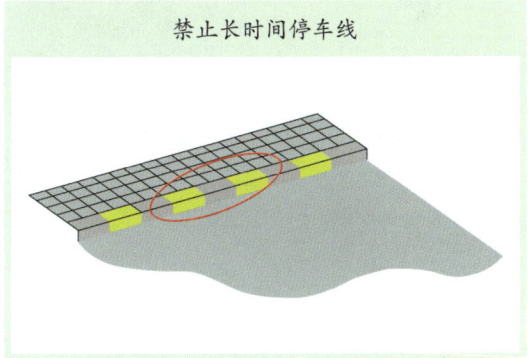

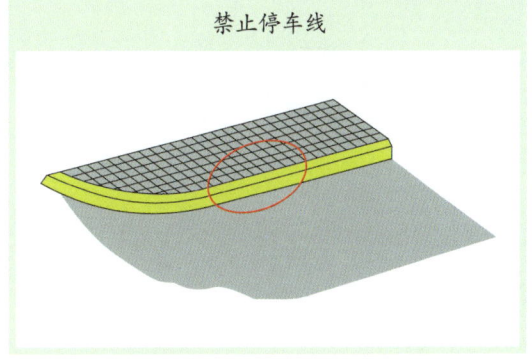

停车线	停车让行线
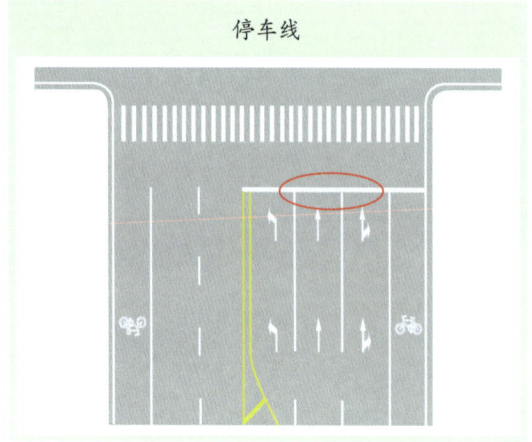	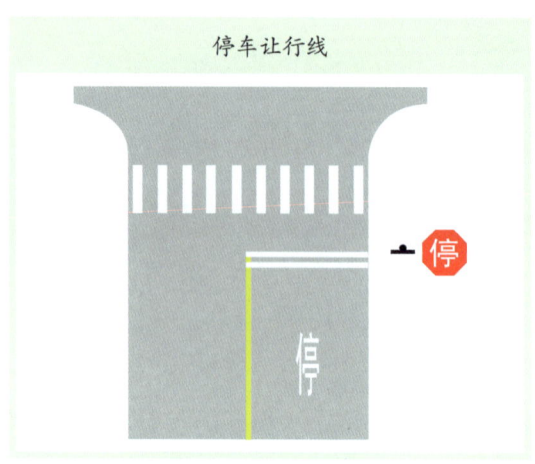
减速让行线	导流线——十字交叉口
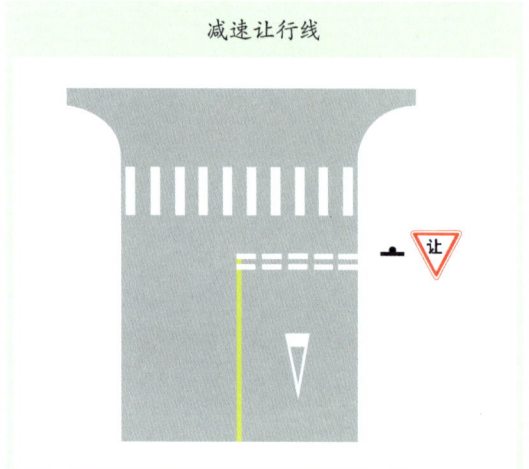	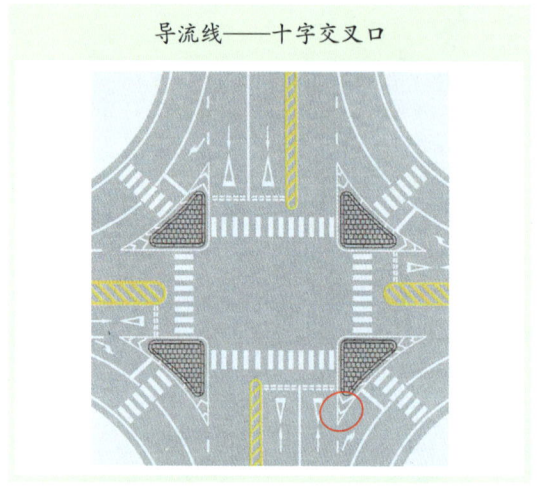
非机动车禁驶区标线	导流线——T形交叉口
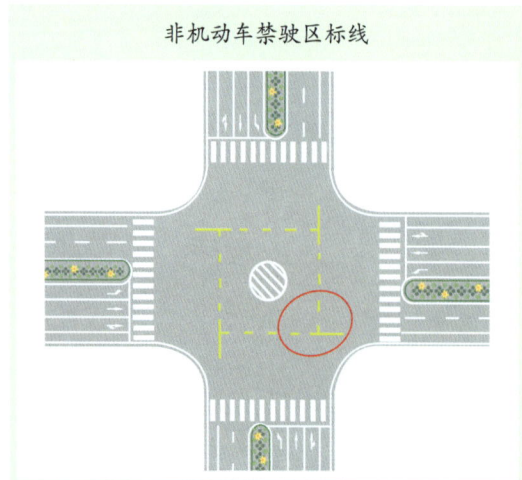	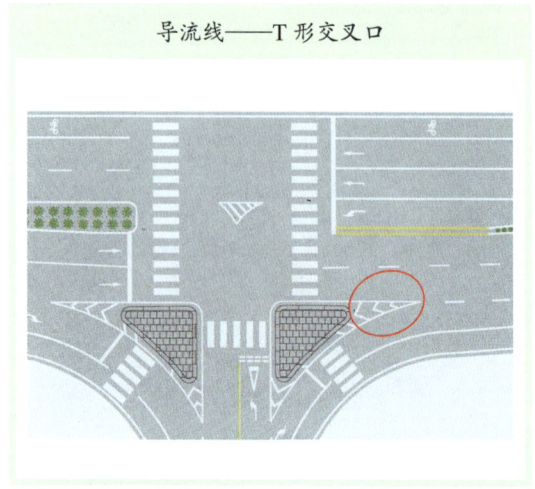

圆形中心圈 / 菱形中心圈	网状线 / 简化网状线

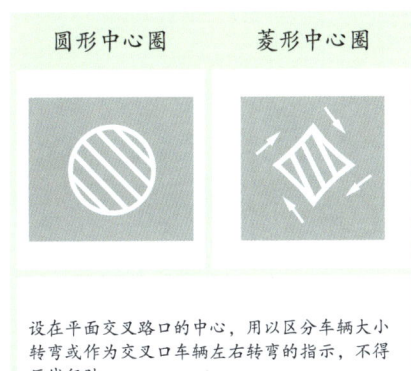

设在平面交叉路口的中心，用以区分车辆大小转弯或作为交叉口车辆左右转弯的指示，不得压线行驶

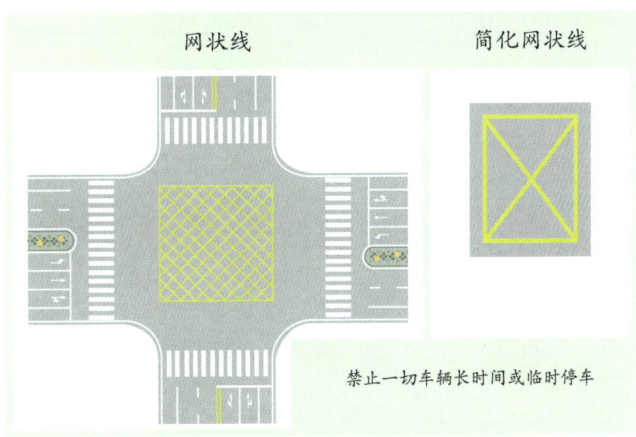

禁止一切车辆长时间或临时停车

公交专用车道线

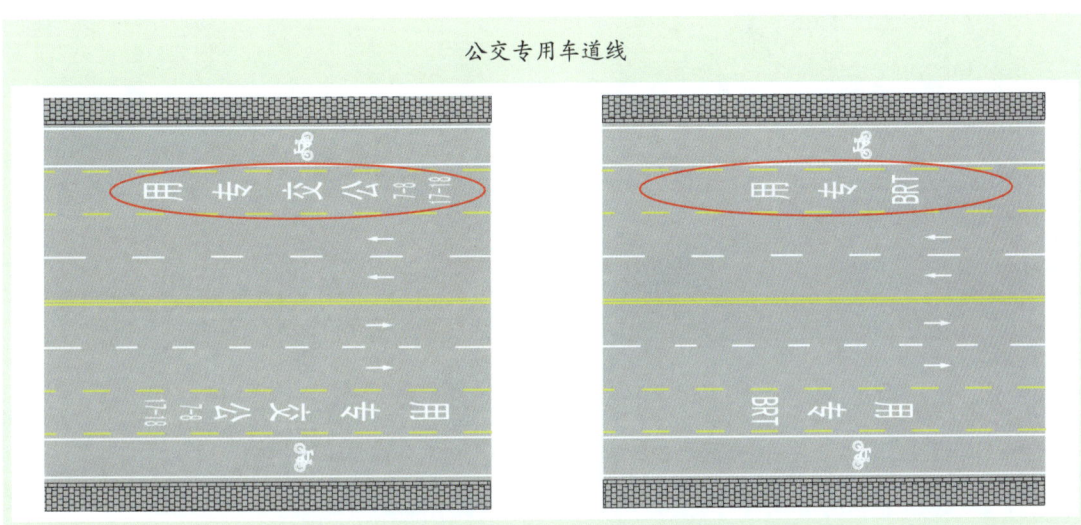

小型车专用车道线	大型车道线

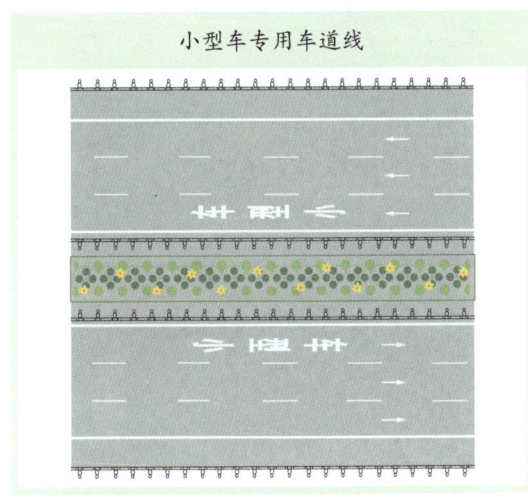 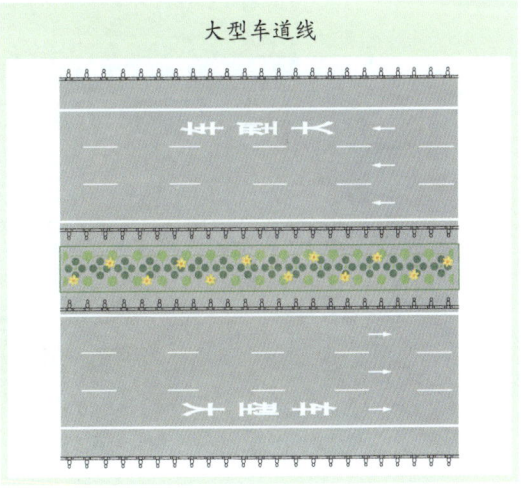

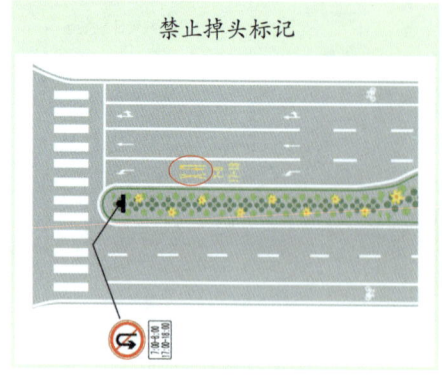

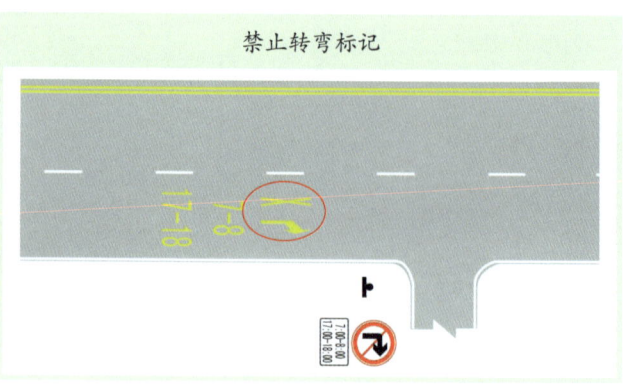

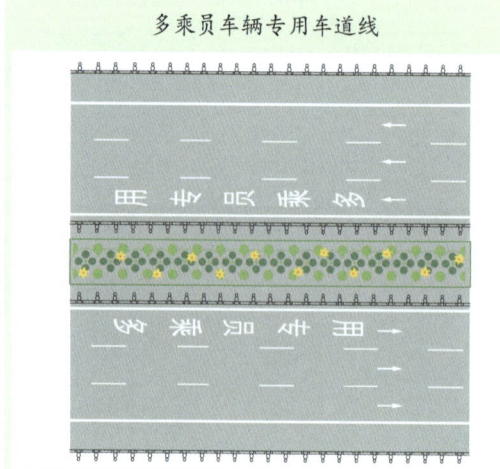

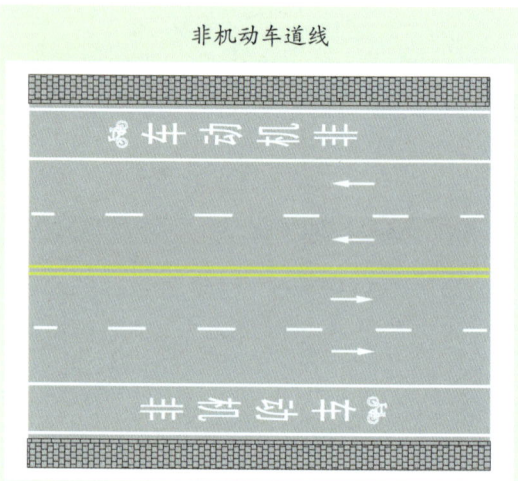

（3）警告标线

警告标线促使车辆驾驶人了解道路上的特殊情况，提高警觉准备应变防范措施。

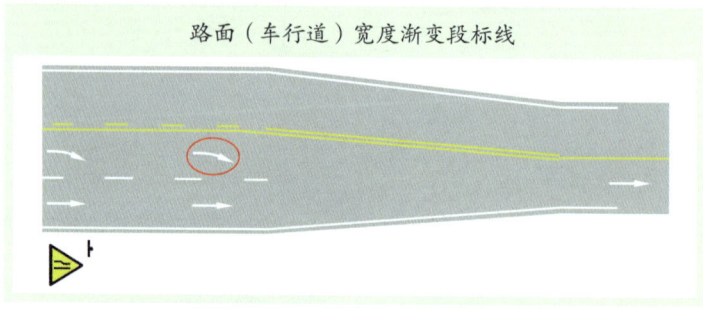

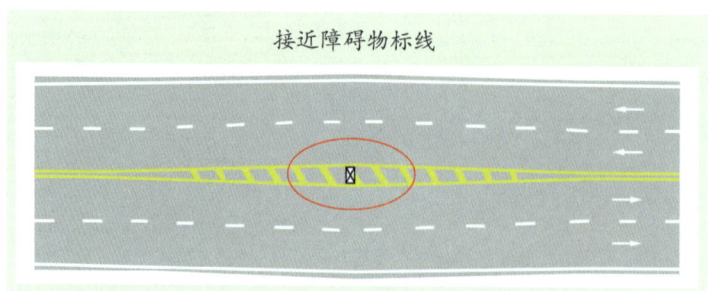

铁路平交道口标线

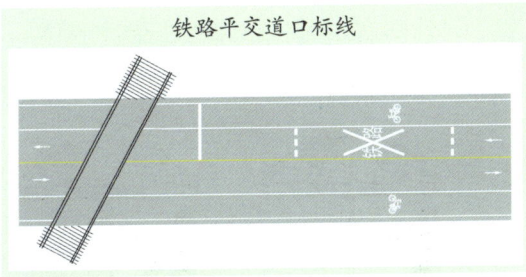

收费广场减速标线

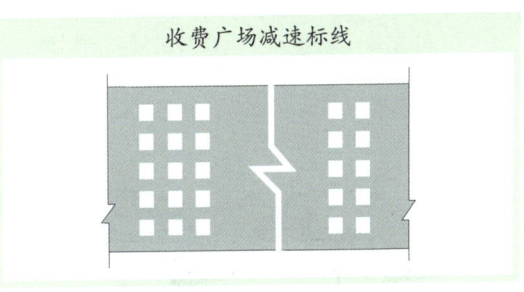

收费岛地面标线

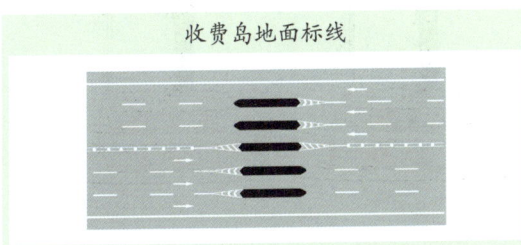

车行道横向减速标线

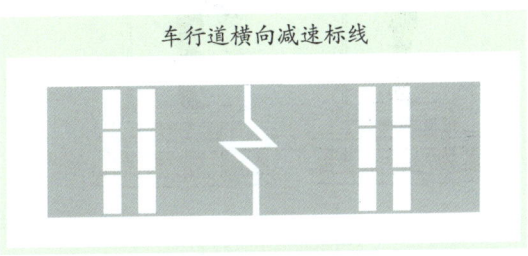

车行道纵向减速标线

立面标记

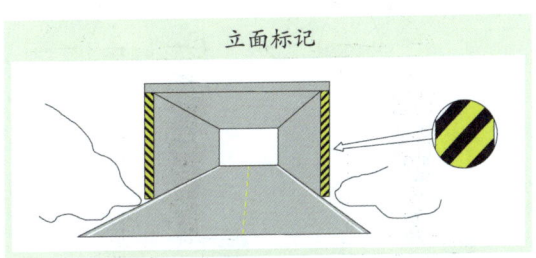

车行道纵向减速标线渐变段

4. 交通警察指挥手势的分类、含义、识别和作用

交通警察指挥手势分为手势信号和使用器具的交通指挥信号。

（1）**停止信号**　交通警察左臂向前上方直伸，掌心向前，表示不准前方车辆通行。

（2）**直行信号**　交通警察左臂向左平伸，掌心向前；右臂向右平伸，掌心向前，向左摆动，表示准许右方直行的车辆通行。

(3)左转弯信号　交通警察右臂向前平伸，掌心向前；左臂与手掌平直向右前方摆动，掌心向右，表示准许车辆左转弯，在不妨碍被放行车辆通行的情况下可以掉头。

(5)右转弯信号　交通警察左臂向前平伸，掌心向前；右臂与手掌平直向左前方摆动，手掌向左，表示准许右方的车辆右转弯。

a)

a)

b)

b)

(4)左转弯待转信号　交通警察左臂向左下方平伸，掌心向下；左臂与手掌平直向下方摆动，表示准许左方左转弯的车辆进入路口，沿左转弯行驶方向靠近路口中心，等候左转弯信号。

(6)变道信号　交通警察右臂向前平伸，掌心向左，右臂向左水平摆动，表示车辆应当腾空指定的车道，减速慢行。

(7)减速慢行信号　交通警察右臂向右前方平伸，掌心向下；右臂与手掌平直向下方摆动，表示车辆应当减速慢行。

第一部分 道路交通法律法规和相关知识

守道路交通安全法律法规，按照通行规则行驶。任何违反道路交通安全法的行为，都属于违法行为。

在慢速车道内的机动车超越前车时，可以借用快速车道行驶。

2. 灯光、喇叭使用

车灯的作用不仅仅是为了在夜间照明，它还可提示其他机动车驾驶人和行人。夜间驾驶机动车在照明条件良好的路段，也要按规定使用灯光。

驾驶机动车向左转弯、向左变更车道、准备超车、驶离停车地点或者掉头时，提前开启左转向灯，提示后车将要向左变更行驶路线；向右转弯、向右变更车道、超车完毕驶回原车道、靠路边停车时，提前开启右转向灯，提示后车将要向右变更行驶路线。在交叉路口转弯过程中，要持续开启转向灯，告知其他车辆驾驶人。

驾驶机动车在夜间没有路灯、照明不良或者遇有雨、雾、雪、沙尘、冰雹等低能见度情况下行驶时，开启前照灯、示廓灯和后位灯，但同方向行驶的后车与前车近距离跟车行驶时，不得使用远光灯。夜间需要超车时，变换远、近光灯示意是为了提示前车。

（8）**示意车辆靠边停车信号** 交通警察左臂向前上方平伸，掌心向前；右臂向前下方平伸，掌心向左；右臂向左水平摆动，表示车辆应当靠边停车。

交通警察在夜间没有路灯、照明不良或者遇有雨、雪、雾、沙尘、冰雹等低能见度天气条件下执勤时，用右手持指挥棒，按照手势信号指挥。

在路口遇有交通信号灯信号和交通警察指挥手势不一致时，要服从交通警察指挥，遵照交通警察手势通行。

绿色信号灯亮，表示可以通行，但交通警察的手势为停车等待，在路口遇到这种情况应停车等待

（二）道路通行规定

1. 右侧通行

机动车、非机动车实行右侧通行。除有特别规定的车辆，在保证交通安全的原则下不受行驶路线限制的特许之外，所有机动车、非机动车都不准逆行，必须右侧通行。驾驶机动车上道路行驶，要严格遵

雨天行车要开启前照灯、示廓灯和后位灯，跟车行驶不得使用远光灯。

在雨天跟车行驶不得使用远光灯

雪天行车要开启前照灯、示廓灯和后位灯，跟车行驶不得使用远光灯。

在雪天跟车行驶不得使用远光灯

雾天行车时，为了提高能见度，要开启防雾灯、示廓灯、后位灯或近光灯、危险报警闪光灯，不得使用远光灯。大雾天行车，要多鸣喇叭，引起对方车辆驾驶人注意，避免发生危险；听到对方鸣喇叭，应该鸣喇叭回应，以提示对方。

在雾天行车使用防雾灯

雾天通过交叉路口时,要开启防雾灯、示廓灯、后位灯或近光灯,适时鸣喇叭、减速通过。

在雾天通过交叉路口,要开启防雾灯、示廓灯、后位灯或近光灯

驾驶机动车夜间跟车行驶时,不能使用远光灯,以免影响前车驾驶人的视线,引发交通事故。

夜间跟车行驶时使用远光灯,会影响前车驾驶人的视线

驾驶机动车在夜间通过交叉路口遇到行人时,不能使用远光灯。

在夜间行车通过交叉路口遇行人时使用近光灯

驾驶机动车在夜间通过没有交通信号灯控制的交叉路口时,交替使用远、近光灯,提示其他交通参与者注意来车。

夜间通过没有交通信号灯控制的交叉路口,要交替使用远、近光灯进行提示

驾驶机动车在夜间通过急弯、坡路、拱桥、人行横道时,要交替使用远、近光灯示意。

在这种环境里通过路口时,交替使用远、近光灯示意

驾驶机动车在夜间通过急弯路、坡路时,交替使用远、近光灯示意。

在这种环境里行车,交替使用远、近光灯示意

驾驶机动车驶近急弯、坡道顶端等影响安全视距的路段以及超车或者遇有紧急情况时,减速慢行,并鸣喇叭示意,提示对向车辆和行人。

在急弯路段行驶时,要减速并鸣喇叭示意

驾驶机动车牵引故障车时,牵引车与被牵引的机动车,在行驶中都要开启危险报警闪光灯,最高时速不准超过 30 公里/时。

3. 有划分车道、无划分车道的通行

为了规范交通秩序,提高通行效率,机动车、非机动车和行人实行分道行驶。驾驶机动车在没有划分机动车道、非机动车道和人行道的道路上,机动车在道路中间通行,非机动车和行人在道路两侧通行。

在这种道路上,要在道路中间通行

在道路同方向划有 2 条以上机动车道的，左侧为快速车道，右侧为慢速车道。在快速车道行驶的机动车应当按照快速车道规定的速度行驶，未达到快速车道规定的行驶速度的，应当在慢速车道行驶。

这辆红车所在的车道是最左侧车道，为快速车道

驾驶机动车在道路同方向划有 2 条以上机动车道变更车道时，不得影响相关车道内的机动车的正常行驶。

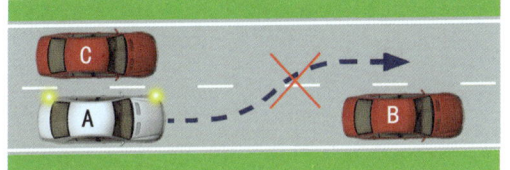

这辆白色轿车 A 此时不能向左变更车道，以避免影响 C 车的正常行驶

4. 机动车超车规定

驾驶机动车超车时，为了提醒后车以及前车驾驶人，应当提前开启左转向灯，变换使用远、近光灯或者鸣喇叭。在确认有充足的安全距离后，从前车的左侧超越（便于观察，有利安全），在与被超车辆拉开必要的安全距离后，开启右转向灯，驶回原车道。夜间可选择路宽、车少地段超车。

遇到这种情况超车时，从前车的左侧超越

驾驶机动车超车时，应该尽快超越，减少并行时间；超越后从右侧后视镜看到被超车全身时，开启右转向灯，驶回右侧车道。

超车时，要尽快超越，减少并行时间

驾驶机动车遇到前车正在左转弯、掉头、超车或与对面来车有会车可能时，不得超车。

遇到前车正在超车时不能超车

驾驶机动车超车时，如果无法保证与被超车辆的安全间距，应主动放弃超车。超车过程中遇到对向来车时，继续超车易与对面机动车发生刮擦、相碰，要放弃超车。

遇到对向来车时要放弃超车

驾驶机动车行经铁路道口、交叉路口时，由于路口内交通情况复杂，易发生交通事故，不得超车。

跟车行经路口不得加速超车

驾驶机动车行经窄桥、弯道、陡坡、隧道、人行横道、市区交通流量大的路段等没有超车条件时，不得超车。

在行经人行横道时不得加速超车

驾驶机动车不得超越前方执行紧急任务的警车、消防车、救护车、工程救险车。

在道路上遇到前方为执行紧急任务的警车时不得从两侧超车

驾驶机动车在没有道路中心线或者同方向只有1条机动车道的道路上，遇后车发出超车信号时，在条件许可的情况下，应当降低速度、靠右让路，给后车让出足够的超车空间。

在没有道路中心线的道路上不要从右侧超车

在以下两种道路情况下可以超车：

1）在虚线一侧的车辆，在不影响其他车辆正常行驶的情况下，可以越虚线超车。

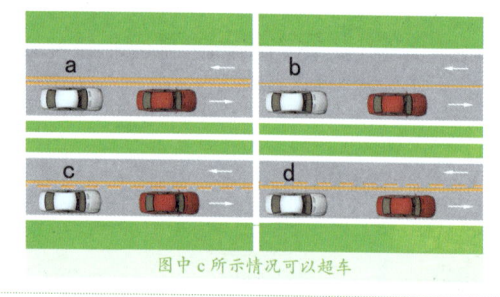

图中c所示情况可以超车

2）在虚线一侧的车辆，在对面没有来车的情况下，可以越虚线超车。

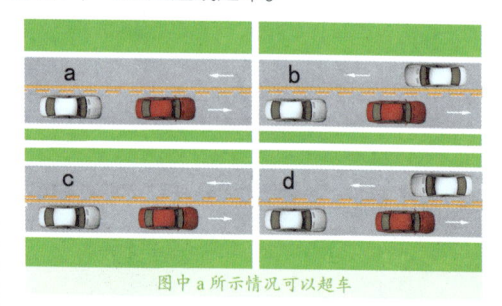

图中a所示情况可以超车

在慢速车道内机动车超越前车时，可以借用快速车道行驶。

5. 跟车距离的保持要求

驾驶机动车在同车道跟车行驶时，应当与前车保持足以采取紧急制动措施的安全距离。

这两辆车发生追尾的主要原因是后车未与前车保持安全距离

驾驶机动车跟车行驶时，要随时注意观察前车的动态，遇到前车在路口减速或发出转向信号时，要适当减速，加大跟车间距。

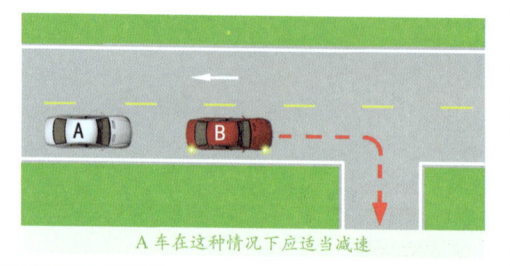

A车在这种情况下应适当减速

6. 交叉路口通行

驾驶机动车通过交叉路口时，要严格遵守法律法规有关规定，具有优先通行权的车辆先行。

直行车辆相对转弯车辆有优先通行权

直行车辆相对转弯车辆有优先通行权

第一部分 道路交通法律法规和相关知识

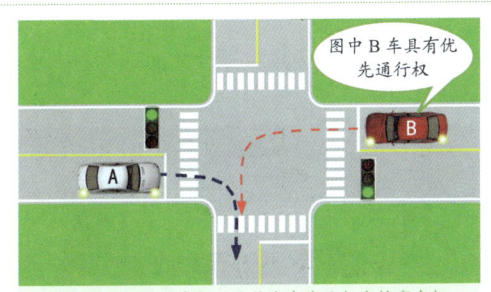
相对方向行驶的车辆，右转弯车应让行左转弯车辆

驾驶机动车通过没有交通信号灯、交通标志、交通标线或者交通警察指挥的交叉路口时，应当减速慢行，并让行人和优先通行的车辆先行。

通过没有交通信号灯的交叉路口，要减速慢行

驾驶机动车通过交叉路口要遵守交通信号，按照交通信号灯、交通标志、交通标线或者交通警察的指挥通过；遇放行信号时，依次通过；遇停止信号时，依次停在停止线以外。没有停止线的，停在路口以外。

在交叉路口遇到这种情况时，要停车等待

驾驶机动车通过环形路口时，准备进入环形路口的让已在路口内的机动车先行。

准备进入环形路口的应让已在路口内的车辆先行

驾驶机动车在交叉路口右转弯，遇到对面来车已经左转弯时，要减速或停车让对面车先行。

在这个路口右转弯，应让对面车左转弯先行

驾驶机动车准备进入环形路口，发现左侧有密集的车辆时，为了保证车后车流的畅通，应减速礼让接近的车辆先进入路口。

不得加速与左侧车辆抢行

驾驶机动车通过有交通信号灯控制的交叉路口，在划有导向车道的路口，按所需行进方向驶入导向车道。

在这个路口左转弯时，应选择最左侧车道

驾驶机动车在路口向左转弯时，靠路口中心点左侧转弯。转弯时开启转向灯，夜间行驶开启近光灯。

在这个路口左转弯时，应靠路口中心点左侧转弯

驾驶机动车驶进导向车道实线区域后，要按照导向箭头继续向前行驶，不得向左或向右变更车道。

在这个路口位置只能左转或者直行

驾驶机动车在绿灯亮的交叉路口，遇有前方车辆停车排队时，应依次排队等候。不得超车或者穿插等候的车辆。

遇有前方车辆停车排队等候的情形应依次排队等候

驾驶机动车在交叉路口向右转弯遇有同车道前车正在等候放行信号时，应依次停车等候。

在路口右转弯遇前车排队等候放行信号时，应依次停车等候

驾驶机动车驶近右前方路口视野受阻的路段，为避免有车辆从路口突然冲出引发危险，应当降低车速，鸣喇叭提醒侧方道路来车。不得因有优先通行权，而加速通过。

不得因有优先通行权，就加速通过路口

驾驶机动车在没有方向指示信号灯或交通信号指示的交叉路口，转弯的机动车应让直行的车辆和行人先行。

在没有方向指示信号或交通信号指示的交叉路口，转弯车辆要让直行车辆先行

驾驶机动车通过没有交通信号灯控制也没有交通警察指挥的交叉路口，有交通标志、标线控制的，让优先通行的一方先行。

己方车辆前方有减速让行标志，在路口遇这种情形应让左方来车先行

驾驶机动车在有减速让行标志的路口，一定要减速让行，向左转头观察左侧路口交通情况，确认不影响其他车辆通行时迅速通过路口。

通过减速让行标志的路口时要减速让行

驾驶机动车通过有停车让行标志的路口，一定要停车观察左侧路口交通情况，在不影响其他车辆通行时起步通过路口。

通过有停车让行标志的路口时要停车让行

驾驶机动车通过没有交通标志、标线控制的路口前，应停车瞭望，让右方道路的来车先行。

在没有交通标志、标线控制好路口直行时，遇这种情况应停车瞭望让右方道路车辆先行

驾驶机动车通过没有交通信号灯、交通标志、交通标线控制的路口，相对方向行驶的右转弯的机动车让左转弯的车辆先行。

在交叉路口已车右转弯遇到相对方向来车左转弯的情况，左转弯车辆享有优先通行权

想一想在交叉路口遇到这种情况哪辆车享有优先通行权？

7. 机动车变更车道规定

驾驶机动车变更车道前应仔细观察变道一侧车道车流情况，判断有无变更车道的条件。确认没有影响变更车道的安全隐患后，开启转向灯提示其他车辆，缓慢向一侧变更车道。不得迅速转向驶入相应的车道，妨碍同车道机动车正常行驶。

这辆红色轿车变更车道的方法和路线是错误的,因为未开启转向灯,未保持安全距离,妨碍相邻车道机动车正常行驶

驾驶机动车进入交叉路口前,在虚线区域选择行驶路线变更车道;进入交叉路口实线区域后,要按照地面标线的指示通行,不得变更车道转弯或掉头。

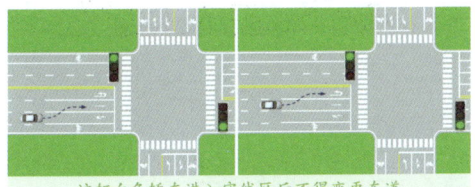
这辆白色轿车进入实线区后不得变更车道

驾驶机动车行驶中,遇到右侧有车辆变更车道时,应减速保持间距,注意避让,不得争道抢行或加速不让。

在右侧有车辆开启左转向灯示意变更车道的情况下,要减速保持间距,注意避让

8. 机动车限速通行

驾驶机动车上道路行驶,有交通标志标明行驶速度的,按照标明的行驶速度行驶,不得超过限速标志标明的最高时速。

在这段路的最高时速为80公里/时,最低时速为50公里/时

驾驶机动车在有限速标志的路段行驶,应该严格遵守限速要求,发现车速超过限速标志的速度时,要及时减速。

在车速达到限速时,应该轻踩制动踏板减速

驾驶机动车在没有限速标志的路段行驶,应当保持安全车速。在慢速车道内的机动车超越前车时,可以借用快速车道行驶。驾驶机动车超过规定时速50%的行为,会受到200元以上2000元以下罚款,并处吊销机动车驾驶证的处罚。

在这条高速公路上行驶时的最高时速是110公里/时

驾驶机动车在没有中心线的城市道路上行驶,最高时速为30公里/时。

在这段没有中心线的城市道路上行驶的最高时速是30公里/时

驾驶机动车在没有中心线的公路上行驶,最高时速为40公里/时。

在这条没有中心线的公路上行驶时的最高时速是40公里/时

驾驶机动车在没有中心线的道路上行驶,要选择在路中间通行,注意给两侧的非机动车和行人留有充足的通行空间。

机动车在路中间通行,给两侧非机动车、行人留有充足的通行空间

驾驶机动车在同方向只有1条机动车道的城市道路上行驶，最高时速为50公里/时。

在这条同方向只有1条机动车道的城市道路上行驶的最高时速是50公里/时

驾驶机动车在同方向只有1条机动车道的公路上行驶，最高时速为70公里/时。

在这条同方向只有1条机动车道的公路上行驶的最高时速是70公里/时

驾驶机动车遇到沙尘、冰雹、雨、雾、结冰等气象条件时，要降低行驶速度。在冰雪、泥泞道路或遇雾、雨、雪等能见度在50米以内时，最高时速不能超过30公里/时。

在冰雪道路上，最高时速是30公里/时

驾驶机动车在进出非机动车道，通过铁路道口、急弯道、窄路、窄桥、下陡坡、转弯、掉头时，最高时速不得超过30公里/时。

在这个急弯道上行驶时的最高时速不能超过30公里/时

9. 机动车会车规定

驾驶机动车在划有道路中心线的道路上会车时，应做到保持安全速度，不越线行驶，跨越双实线行驶属于违法行为。在没有中心隔离设施或者没有中心线的道路上，机动车遇相对方向来车时应当减速靠右行驶，并与其他车辆、行人保持必要的安全距离。

在没有道路中心线的道路上遇相对方向来车时，必须减速靠右行驶

驾驶机动车在有障碍的路段会车，无障碍的一方先行；但有障碍的一方已驶入障碍路段而无障碍的一方未驶入时，有障碍的一方先行。

遇到对向来车已驶入障碍路段时，应停车让对方车辆通过

驾驶机动车会车，遇到对方来车一侧有障碍时要减速，注意观察对方车辆的动态，当对方车辆停车让行后，才能通过有障碍路段。

遇到在障碍路段对向来车已停车让行这种情况，可以优先通行

驾驶机动车在狭窄的山路会车，靠山体的一方相对安全，不靠山体的一方优先行驶。

在狭窄的坡路会车时，上坡的一方先行；但下坡的一方已行至中途而上坡的一方未上坡时，下坡的一方先行。

遇到这种情况，让对向下坡车先行

驾驶机动车夜间会车应当在距相对方向来车150米以外改用近光灯，使用远光灯会造成驾驶人出现眩目，易引发危险。夜间在窄路、窄桥与非机动车会车时应当使用近光灯。

10. 机动车掉头规定

驾驶机动车在没有禁止掉头或者没有禁止左转弯标志、标线的地点可以掉头，但不得妨碍正常行驶的其他车辆和行人的通行。

第一部分　道路交通法律法规和相关知识

在这段道路上，在不影响其他车辆通行时可以掉头

驾驶机动车在有中心虚线的道路上，只要后方、对向无来车，就可以掉头。

在这段道路上，只要后方、对向无来车，就可以掉头

驾驶机动车在设有允许掉头标志的路口，在确保安全和不影响其他车辆正常行驶的前提下可以掉头。

在这种路口，允许掉头

驾驶机动车在设有允许掉头标线的路口，在确保安全和不影响其他车辆正常行驶的前提下可以掉头。

在这种路口，允许从中心线虚线处掉头

驾驶机动车在有禁止左转弯标志、标线的路口及地点，不得掉头。在人行横道上为了避免妨碍行人正常通行，确保行人安全，禁止掉头。

在有这种标志的路口，不允许掉头

驾驶机动车在有禁止掉头标志的路口及地点，不得掉头。

在有这种标志的路口，不能掉头

驾驶机动车在有中心实线的道路上行驶，即使前、后方没有来车，也不允许掉头。

在有中心实线的路段不能掉头

驾驶机动车在铁路道口、人行横道、桥梁、急弯、陡坡、隧道或者容易发生危险的路段，不得掉头。

在这段道路上不能掉头

11. 机动车倒车规定

交叉路口、铁路道口交通情况复杂，容易造成交通堵塞甚至引发事故，驾驶机动车通过交叉路口、铁路道口时不得倒车。

前方为铁路道口不允许倒车

驾驶机动车倒车时，应当察明车后情况，确认安全后倒车。不得在单行路、桥梁、急弯、陡坡或者隧道内倒车。

在单行路上行驶，即使后方没有来车，也不能倒车

41

12. 铁路道口及渡口规定

驾驶机动车通过铁路道口时，应当按照交通信号或者管理人员的指挥通行；没有交通信号或者管理人员的，应当减速或者停车，在确认安全后通过。

行至没有交通信号的铁路道口要停车观察

驾驶机动车在铁路道口遇到两个红灯交替闪烁或一个红灯亮时，要停在道口停止线以外等待，不得加速通过道口。没有停止线的铁路道口，要停在距离道口 50 米以外。铁路道口红灯熄灭时，允许车辆通行，但不得加速通过道口。

在这种情况的铁路道口不能加速通过

驾驶机动车行经渡口，应当服从渡口管理人员指挥，在指定地点依次待渡。机动车上下渡船时，应当低速慢行。

13. 缓行、拥堵路段或路口通行

驾驶机动车遇有前方车辆停车排队等候或者缓慢行驶时，不得借道超车或者占用对面车道，不得穿插等候的车辆。强行穿插等候或者缓慢行驶的车辆，会扰乱正常的车流，加重拥堵。

遇到前方车辆缓慢行驶时，应依次排队行驶

驾驶机动车在拥堵路段排队行驶时，遇有其他车辆强行穿插行驶，要减速或停车让行，不得迅速提高车速不让其穿插、持续鸣喇叭警告或迅速左转躲避。

其他车辆强行穿插行驶，要减速或停车让行

驾驶机动车直行通过交叉路口时，遇到路口内因堵塞有滞留车辆时，要在路口停止线以外停车，等前方道路疏通后，且绿色信号灯亮时方可继续行驶。

遇到前方路口堵塞已有车辆滞留，已车应在路口停止线以外停车等待，即便是绿灯也不应驶入路口，以防堵塞路口

驾驶机动车遇交叉路口前方交通阻塞时，应当依次停在路口停止线以外等候，不得进入路口。

前方车辆堵塞，如已车仍驶入路口，会造成路口堵塞。在路口遇到这种情形时，即使信号灯为绿灯，也应停在路口以外等待前方车辆疏散

机动车在遇有前方机动车停车排队等候或者缓慢行驶时，应当依次排队，不得在网状线区域内停车等候。

遇到这种情况的路段，不得进入网状线区域内停车等候，应停在路口外等候

驾驶机动车在遇有前方机动车停车排队等候或者缓慢行驶时，应当依次排队，不得从前方车辆两侧穿插或者超越行驶，不得在人行横道内停车等候。

这辆小轿车不能在人行横道上停车

驾驶机动车在车道减少的路段、路口，或者在没有交通信号灯、交通标志、交通标线也没有交通警察指挥的交叉路口，遇到前方车辆停车排队等候或者缓慢行驶时，为保证安全有序，应当每车道一辆依次交替驶入车道减少后的路口、路段。

在车道减少路段，已车要在红车后依次驶入车道减少后的道路

驾驶机动车在辅路行驶，遇有车辆从主路口进入辅路时，由于主路车流量大、速度快，应该让主路车辆先行。

14．漫水路、漫水桥通行

驾驶机动车行经漫水路或者漫水桥时，应当停车察明水情，确认安全后，谨慎慢行，低速通过涉水路段，不得空档滑行。在涉水路段跟车行驶时，适当增加车距，不得紧跟其后、并行或超越前车抢先通过。

驾驶机动车遇到这种漫水桥时，应停车察明水情

15．遇行人和非机动车

驾驶机动车行经没有交通信号灯的道路时，遇行人横过道路，应当避让。

驾驶机动车行经人行横道时，即使人行横道没有行人通过，也应当减速行驶，不得加速通过。

行经这种交通标线的路段要减速行驶

驾驶机动车遇行人正在通过人行横道时，行人享有优先通行权，应当停车让行。

这种情况下，行人享有优先通行权，应停车让行

驾驶机动车越过停在人行道前的车辆时，应减速行驶，随时准备停车让行盲区里横过道路的行人。

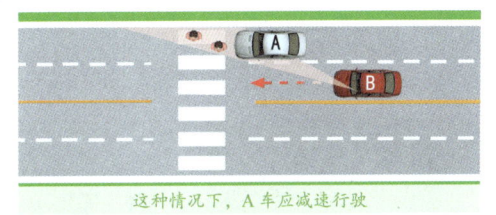

这种情况下，A车应减速行驶

驾驶机动车越过停在人行道前的车辆时，要减速行驶，随时准备停车让行盲区里横过道路的行人，发现有人影或行人横过道路，不要存侥幸心理，应立即停车让行。

这种情况下，应立即停车让行

驾驶机动车行经没有交通信号的道路，遇行人横过道路时，应当及时采取停车避让措施。

遇到这种情形时要停车避让行人

驾驶机动车通过前方路口，遇行人突然从停着的车后横过道路时，要及时减速或停车避让行人，不可靠左侧行驶躲避或赶在行人前加速通过。

遇到这种情形时要减速、停车避让行人

16．避让特种车辆、道路养护作业车辆

驾驶机动车遇到执行紧急任务的警车、消防车、救护车、工程救险车时，应当及时让行。

这辆蓝色轿车应及时让行

驾驶机动车在路口，遇到后方有执行任务的救护车驶来时，要靠右减速让路，不得立即停车或向左转弯让路。

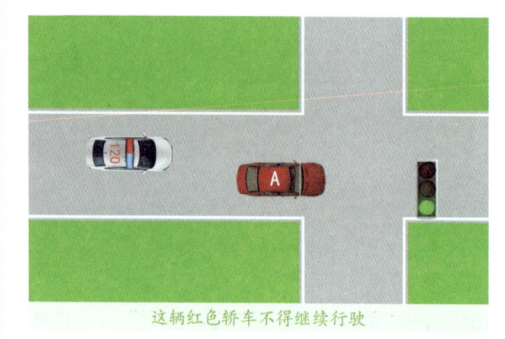
这辆红色轿车不得继续行驶

驾驶机动车遇到进行作业的道路养护车辆、工程作业车时，应当注意避让。

17. 遇校车通行规定

校车在同方向只有一条机动车道的道路上停靠时，后方车辆应当停车等待，不得超越。校车在同方向有两条以上机动车道的道路上停靠时，校车停靠车道后方和相邻机动车道上的机动车应当停车等待，其他机动车道上的机动车应当减速通过。校车后方停车等待的机动车不得鸣喇叭或者使用灯光催促校车。机动车驾驶人违反规定，不避让校车的，由公安机关交通管理部门处 200 元罚款。

18. 专用车道的使用要求

道路划设专用车道的，在专用车道内，只准许规定的车辆通行，为了不影响专用车的正常通行，其他车辆不得进入专用车道内行驶。专用车道规定的专车使用时间之外，其他车辆可以进入专用车道行驶。

在这种情况不得借右侧公交车道超车

19. 机动车载物规定

机动车载物应当符合核定的载质量，严禁超载；载物的长、宽、高不得违反装载要求，不得遗洒、飘散载运物。

机动车载物不得超过机动车行驶证上核定的载质量，装载长度、宽度不得超出车厢，并应当遵守下列规定：

1）重型、中型载货汽车，半挂车载物，高度从地面起不得超过 4 米，载运集装箱的车辆不得超过 4.2 米。

2）其他载货的机动车载物，高度从地面起不得超过 2.5 米。

载客汽车除车身外部的行李架和内置的行李舱外，不得载货。载客汽车行李架载货，从车顶起高度不得超过 0.5 米，从地面起高度不得超过 4 米。

20. 机动车载人规定

机动车载人不得超过核定的人数，客运机动车不得违反规定载货。禁止货运机动车载客。

机动车载人应当遵守下列规定：

1）公路载客汽车不得超过核定的载客人数，但按照规定免票的儿童除外，在载客人数已满的情况下，按照规定免票的儿童不得超过核定载客人数的 10%。

2）载货汽车车厢不得载客。在城市道路上，货运机动车在留有安全位置的情况下，车厢内可以附载临时作业人员 1 人至 5 人；载物高度超过车厢栏板时，货物上不得载人。

21. 驾驶机动车禁止行为

驾驶机动车不得有下列行为：

1）在车门、车厢没有关好时行车。

2）在机动车驾驶室的前后窗范围内悬挂、放置妨碍驾驶人视线的物品。

3）拨打接听手持电话、观看电视等妨碍安全驾驶的行为。

4）下陡坡时熄火或者空档滑行。

5）向道路上抛撒物品。

6）驾驶摩托车手离车把或者在车把上悬挂物品。

7）连续驾驶机动车超过 4 小时未停车休息或者停车休息时间少于 20 分钟。

8）在禁止鸣喇叭的区域或者路段鸣喇叭。

在这段道路上禁止鸣喇叭

22. 机动车停车

驾驶机动车应当在停车泊位或其他规定地点停放，禁止在设有禁停标志、标线的路段停放机动车。在道路上临时停车的，不得妨碍其他车辆和行人通行。

这辆路边临时停放机动车的违法行为是在有禁停标线的路段停车

驾驶机动车不得在机动车道与非机动车道、人行道之间设有隔离设施的路段停车。

这个路段不得在非机动车道上临时停车

驾驶机动车不得在人行横道、施工地段停车。

驾驶机动车在人行横道上临时停车属于违法行为

驾驶机动车在交叉路口、铁路道口、急弯路、宽度不足4米的窄路、桥梁、陡坡、隧道以及距离上述地点50米以内的路段，不得停车。

在距这段路50米以内不能停放机动车

驾驶机动车在距离公共汽车站30米以内的路段，除使用公共汽车站设施的车辆以外，不得停车。

这辆路边临时停放机动车的违法行为是在公共汽车站停车

驾驶机动车在急救站、加油站、消防栓或者消防队（站）门前以及距离上述地点30米以内的路段，除使用上述设施的车辆以外，不得停车。

这辆临时停放红色轿车的违法行为是距离加油站不到30米

驾驶人在车辆停稳前不得开车门和上下人员，开关车门不得妨碍其他车辆和行人通行；路边停车应当紧靠道路右侧，机动车驾驶人不得离车，上下人员或者装卸物品后，立即驶离。

23. 牵引挂车规定

机动车牵引挂车应当符合下列规定：

1）载货汽车、半挂牵引车、拖拉机只允许牵引1辆挂车。挂车的灯光信号、制动、连接、安全防护等装置应当符合国家标准。

2）小型载客汽车只允许牵引旅居挂车或者总质量700千克以下的挂车。挂车不得载人。

3）载货汽车所牵引挂车的载质量不得超过载货汽车本身的载质量。

4）大型、中型载客汽车，低速载货汽车，三轮汽车以及其他机动车不得牵引挂车。

24. 机动车故障处理

驾驶机动车在道路上发生故障，需要停车排除故障时，驾驶人应当立即开启危险报警闪光灯，将机动车移至不妨碍交通的地方停放。

驾驶机动车在道路上发生故障，妨碍交通又难以移动的，应当持续开启危险报警闪光灯并在车后50米至100米处设置警告标志，夜间还应当同时开启示廓灯和后位灯，必要时迅速报警。

这辆故障车的违法行为是没有设置警告标志

这辆故障车的违法行为是设置的警告标志不符合规定

25. 牵引故障机动车

牵引故障机动车应当遵守下列规定：

1）被牵引的机动车除驾驶人外不得载人，不得拖带挂车。

2）被牵引的机动车宽度不得大于牵引机动车的宽度。

3）使用软连接牵引装置时，牵引车与被牵引车之间的距离应当大于4米小于10米。

4）对制动失效的被牵引车，应当使用硬连接牵引装置牵引。

5）牵引车和被牵引车均应当开启危险报警闪光灯。

（三）高速公路通行特殊规定

1. 高速公路禁行要求

行人、非机动车、拖拉机、轮式专用机械车、铰接式客车、全挂拖斗车以及其他设计最高车速低于70公里/时的机动车，不得进入高速公路。

2. 高速公路限速规定

驾驶小型载客汽车在高速公路上行驶的最高车速不得超过120公里/时，其他机动车不得超过100公里/时，最低车速不得低于60公里/时。

这段高速公路的最高车速是120公里/时

驾驶小型载客汽车在同方向有2条车道的道路上行驶时，左侧车道的最低车速为100公里/时。

这条车道行驶的最低车速是100公里/时

驾驶小型载客汽车在同方向有3条以上机动车道的最左侧车道行驶时，车速应保持110~120公里/时。

在这条车道行驶的速度是110~120公里/时

驾驶小型载客汽车在同方向有3条以上机动车道的中间车道行驶时，最低车速为90公里/时。

这条车道行驶的最低车速是90公里/时

驾驶小型载客汽车在同方向有3条以上机动车道的最右侧车道行驶时，最低车速为60公里/时。

这条车道行驶的最低车速是60公里/时

驾驶小型载客汽车在同方向有3条车道的高速公路上行车，车速超过100公里/时，应在最左侧车道上行驶。

车速超过100公里/时，应在最左侧车道行驶

驾驶小型载客汽车遇到道路限速标志标明的车速与车道行驶车速的规定不一致的，按照道路限速标志标明的车速行驶。

在这条车道行驶的最高车速是90公里/时

3. 进出高速公路

驾驶机动车从匝道驶入高速公路，应当开启左转向灯，在不妨碍已在高速公路内的机动车正常行驶的情况下驶入车道。

在这个位置时开启左转向灯

驾驶机动车从匝道驶入高速公路加速车道后，迅速将车速提升到60公里/时，不得未经加速车道，直接驶入高速公路行车道。

不得从这个位置直接驶入高速公路行车道

进入减速车道时开启右转向灯

驾驶机动车驶离高速公路时，应当开启右转向灯，驶入减速车道，降低车速后驶离。

在高速公路最左侧车道行驶时，驶离高速公路前，要向右每次变更一条车道，直到最右侧车道。不得立即减速后直接变更到最右侧车道，不可加速超越右侧车辆后向右变更车道。

向右每次变更一条车道

驾驶机动车从匝道驶出高速公路时，提前减速，先驶入减速车道，不得未经减速车道，直接驶入匝道。

驶离高速公路时，不得从这个位置直接驶入匝道

4. 跟车距离要求

驾驶机动车在高速公路上行驶，当车速超过 100 公里/时，应当与同车道前车保持 100 米以上的距离，当车速低于 100 公里/时，与同车道前车距离可以适当缩短，但最小距离不得少于 50 米。

5. 低能见度通行条件下的通行规定

驾驶机动车在高速公路遇有雾、雨、雪、沙尘、冰雹等低能见度气象条件时，根据能见度使用灯光、控制行驶速度和保持安全距离。

能见度	开启灯光	车速	跟车距离或应急措施
小于 200 米	雾灯、近光灯、示廓灯、前后位灯	不得超过 60 公里/时	与同车道前车保持 100 米以上距离
小于 100 米	雾灯、近光灯、示廓灯、前后位灯、危险报警闪光灯	不得超过 40 公里/时	与同车道前车保持 50 米以上距离
小于 50 米	雾灯、近光灯、示廓灯、前后位灯、危险报警闪光灯	不得超过 20 公里/时	最近的出口尽快驶离高速公路

6. 应急车道使用规定

专门供工程救险、消防救援、医疗救护或民警执行紧急公务等处理应急事务的车辆使用，任何社会车辆禁止驶入或者以各种理由在车道内停留。驾驶机动车在非紧急情况时不得在应急车道行驶或者停车。

驾驶机动车在高速公路或者城市快速路上违法占用应急车道行驶的，处警告或者 20 元以上 200 元以下罚款，道路交通安全违法行为记 6 分。

7. 高速公路禁止行为

驾驶机动车在高速公路上行驶不得有下列行为：
1）倒车、逆行、穿越中央分隔带掉头或者在车道内停车。
2）在匝道、加速车道或者减速车道上超车。
3）骑、轧车行道分界线或者在路肩上行驶。
4）非紧急情况下在应急车道行驶或者停车。
5）试车或者学习驾驶机动车。

8. 高速公路机动车故障处置

机动车在高速公路上发生故障时，驾驶人应当立即开启危险报警闪光灯，将机动车移至不妨碍交通的地方停放；难以移动的，应当持续开启危险报警闪光灯，并在故障车来车方向 150 米外以设置警告标志等措施扩大示警距离，车上人员应当迅速转移到右侧路肩上或者应急车道内，并且迅速报警。

机动车在高速公路上发生故障或者交通事故，无法正常行驶的，应当由救援车、清障车拖曳、牵引。

三、道路交通安全违法行为及处罚

（一）道路交通安全违法行政强制措施

1. 扣留机动车辆的情形

有下列情形之一的，依法扣留车辆：

1）上道路行驶的机动车未悬挂机动车号牌，未放置检验合格标志、保险标志，或者未随车携带机动车行驶证、驾驶证的。

2）有伪造、变造或者使用伪造、变造的机动车登记证书、号牌、行驶证、检验合格标志、保险标志、驾驶证的。

3）使用其他车辆的机动车登记证书、号牌、行驶证、检验合格标志、保险标志嫌疑的。

4）未按照国家规定投保机动车交通事故责任强制保险的。

5）机动车有拼装或者达到报废标准嫌疑的。

6）发生道路交通事故，因收集证据需要的事故车。

2. 扣留机动车驾驶证的情形

有下列情形之一的，依法扣留机动车驾驶证：

1）饮酒后驾驶机动车的。

2）将机动车交由未取得机动车驾驶证或者机动车驾驶证被吊销、暂扣的人驾驶的。

3）机动车行驶超过规定时速50%的。

4）驾驶有拼装或者达到报废标准嫌疑的机动车上道路行驶的。

5）在1个记分周期内累积记分达到12分的。

3. 拖移机动车的情形

违反机动车停放、临时停车规定，驾驶人不在现场或者虽在现场但拒绝立即驶离，妨碍其他车辆、行人通行的，公安机关交通管理部门及其交通警察可以将机动车拖移至不妨碍交通的地点或者公安机关交通管理部门指定的地点。

4. 强制检验体内违禁饮（用）品含量的情形

机动车驾驶人有下列情形之一的，应当对其检验体内酒精、国家管制的精神药品、麻醉药品含量：

1）对酒精呼气测试等方法测试的酒精含量结果有异议的。

2）涉嫌饮酒、醉酒驾驶车辆发生交通事故的。

3）涉嫌服用国家管制的精神药品、麻醉药品后驾驶车辆的。

4）拒绝配合酒精呼气测试等方法测试的。

对酒后行为失控或者拒绝配合检验的，可以使用约束带或者警绳等约束性警械。

（二）道路交通安全违法行政处罚

1. 道路交通安全违法的行政处罚种类

公安机关交通管理部门及其交通警察应当依据事实和有关规定对道路交通安全违法行为予以处罚。对道路交通安全违法行为的处罚种类包括：警告、罚款、暂扣或者吊销机动车驾驶证、拘留。

2. 违反道路通行规定的处罚

机动车驾驶人违反道路交通安全法律、法规关于道路通行规定的，处警告或者20元以上200元以下罚款。

3. 饮酒、醉酒驾车的处罚

饮酒后驾驶机动车的，处暂扣6个月机动车驾驶证，并处1000元以上2000元以下罚款。因饮酒后驾驶机动车被处罚，再次饮酒后驾驶机动车的，处10日以下拘留，并处1000元以上2000元以下罚款，吊销机动车驾驶证。

醉酒驾驶机动车的，由公安机关交通管理部门约束至酒醒，吊销机动车驾驶证，依法追究刑事责任；

5年内不得重新取得机动车驾驶证。

饮酒后驾驶营运机动车的，处15日拘留，并处5000元罚款，吊销机动车驾驶证，5年内不得重新取得机动车驾驶证。

醉酒驾驶营运机动车的，由公安机关交通管理部门约束至酒醒，吊销机动车驾驶证，依法追究刑事责任；10年内不得重新取得机动车驾驶证，重新取得机动车驾驶证后，不得驾驶营运机动车。

饮酒后或者醉酒驾驶机动车发生重大交通事故，终生不得重新取得机动车驾驶证。

4. 涉及登记证书、号牌、证件、标志违法的处罚

上道路行驶的机动车未悬挂机动车号牌，未放置检验合格标志、保险标志，或者未随车携带行驶证、驾驶证的，公安机关交通管理部门应当扣留机动车，通知当事人提供相应的牌证、标志或者补办相应手续，并可以依照法律规定予以处罚。当事人提供相应的牌证、标志或者补办相应手续的，应当及时退还机动车。

故意遮挡、污损或者不按规定安装机动车号牌的，处警告或者20元以上200元以下罚款。

伪造、变造或者使用伪造、变造的机动车登记证书、号牌、行驶证、驾驶证的，由公安机关交通管理部门予以收缴，扣留该机动车，处15日以下拘留，并处2000元以上5000元以下罚款；构成犯罪的，依法追究刑事责任。

伪造、变造或者使用伪造、变造的检验合格标志、保险标志的，由公安机关交通管理部门予以收缴，扣留该机动车，处10日以下拘留，并处1000元以上3000元以下罚款；构成犯罪的，依法追究刑事责任。

使用其他车辆的机动车登记证书、号牌、行驶证、检验合格标志、保险标志的，由公安机关交通管理部门予以收缴，扣留该机动车，处2000元以上5000元以下罚款。

5. 未投保交强险的处罚

机动车所有人、管理人未按照国家规定投保机动车第三者责任强制保险的，由公安机关交通管理部门扣留车辆至依照规定投保后，并处依照规定投保最低责任限额应缴纳的保险费的2倍罚款。

6. 违法停车的处罚

对违反道路交通安全法律、法规关于机动车停放、临时停车规定的，可以指出违法行为，并予以口头警告、令其立即驶离。

机动车驾驶人不在现场或者虽在现场但拒绝立即驶离，妨碍其他车辆、行人通行的，处20元以上200元以下罚款，并可以将该机动车拖移至不妨碍交通的地点或者公安机关交通管理部门指定的地点停放。公安机关交通管理部门拖车不得向当事人收取费用，并应当及时告知当事人停放地点。

7. 超速等其他违法行为的处罚

有下列行为之一的，由公安机关交通管理部门处200元以上2000元以下罚款，可以并处吊销机动车驾驶证：

1）将机动车交由未取得机动车驾驶证或者机动车驾驶证被吊销、暂扣的人驾驶的。

2）机动车行驶超过规定时速50%的。

有下列行为之一的，由公安机关交通管理部门处200元以上2000元以下罚款，可以并处15日以下拘留：

1）未取得机动车驾驶证、机动车驾驶证被吊销或者机动车驾驶证被暂扣期间驾驶机动车的。

2）造成交通事故后逃逸，尚不构成犯罪的。

3）强迫机动车驾驶人违反道路交通安全法律法规和机动车安全驾驶要求驾驶机动车，造成交通事故，尚不构成犯罪的。

4）违反交通管制的规定强行通行，不听劝阻的。

5）故意损毁、移动、涂改交通设施，造成危害后果，尚不构成犯罪的。

6）非法拦截、扣留机动车辆，不听劝阻，造成交通严重阻塞或者较大财产损失的。

（三）道路交通安全违法刑事处罚

1. 交通肇事罪

酒后、吸食毒品后驾驶机动车，无驾驶资格驾驶机动车，严重超载驾驶，为逃避法律追究逃离事故现场等行为，造成交通肇事致一人以上重伤，负事故全部或者主要责任的，构成交通肇事罪。

驾驶人违反交通运输管理法规，因而发生重大事故，致人重伤、死亡或者使公私财产遭受重大损失的，处3年以下有期徒刑或者拘役。

交通运输肇事后逃逸或者有其他特别恶劣情节的，处3年以上7年以下有期徒刑；因逃逸致人死亡的，处7年以上有期徒刑。

2. 危险驾驶罪

驾驶人在道路上驾驶机动车追逐竞驶，情节恶劣的，处拘役，并处罚金。同时构成其他犯罪的，依照

处罚较重的规定定罪处罚。

驾驶人在道路上醉酒驾驶机动车的，处拘役，并处罚金。同时构成其他犯罪的，依照处罚较重的规定定罪处罚。

3. 伪造、变造、买卖驾驶证

伪造、变造、买卖居民身份证、护照、社会保障卡、驾驶证等依法可以用于证明身份的证件的，处三年以下有期徒刑、拘役、管制或者剥夺政治权利，并处罚金；情节严重的，处三年以上七年以下有期徒刑，并处罚金，同时构成其他犯罪的，依照处罚较重的规定定罪处罚。

4. 使用伪造、变造的或者盗用他人驾驶证

在依照国家规定应当提供身份证明的活动中，使用伪造、变造的或者盗用他人的居民身份证、护照、社会保障卡、驾驶证等依法可以用于证明身份的证件，情节严重的，处拘役或者管制，并处或者单处罚金，同时构成其他犯罪的，依照处罚较重的规定定罪处罚。

5. 其他涉牌涉证行为的刑事处罚

非法生产、买卖人民警察制式服装、车辆号牌等专用标志、警械，情节严重的，处三年以下有期徒刑、拘役或者管制，并处或者单处罚金。

四、道路交通事故处理相关规定

1. 事故报警和处置

道路交通事故有下列情形之一的，当事人应当保护现场并立即报警：

1）造成人员死亡、受伤的。
2）发生财产损失事故，当事人对事实或者成因有争议的，以及虽然对事实或者成因无争议，但协商损害赔偿未达成协议的。
3）机动车无号牌、无检验合格标志、无保险标志的。
4）载运爆炸物品、易燃易爆化学物品以及毒害性、放射性、腐蚀性、传染病病源体等危险物品车辆的。
5）碰撞建筑物、公共设施或者其他设施的。
6）驾驶人无有效机动车驾驶证的。
7）驾驶人有饮酒、服用国家管制的精神药品或者麻醉药品嫌疑的。
8）当事人不能自行移动车辆的。

2. 事故现场处置

驾驶机动车在道路上发生交通事故，驾驶人应当立即停车，保护现场；事故造成人身伤亡时，驾驶人应当立即抢救受伤人员，不得移动肇事车辆，并迅速报告执勤的交通警察或者公安机关交通管理部门。因抢救受伤人员变动现场的，应当标明位置。

驾驶机动车在道路上发生轻微交通事故，未造成人身伤亡，当事人对事实及成因无争议的，可以即行撤离现场，恢复交通，自行协商处理损害赔偿事宜。

3. 高速公路事故现场处置

机动车在高速公路上发生事故时，驾驶人应当开启危险报警闪光灯，在来车方向150米以外设置警告标志，车上人员应当迅速转移到高速公路应急车道内（右侧路肩上）或者护栏外安全位置，并且迅速报警。

4. 自行协商事故处理

机动车与机动车、机动车与非机动车发生财产损失事故，当事人对事实及成因无争议的，可以自行协商处理损害赔偿事宜。车辆可以移动的，当事人应当在确保安全的原则下对现场拍照或者标画事故车辆现场位置后，立即撤离现场，将车辆移至不妨碍交通的地点，再进行协商。

5. 事故现场的强制撤离

机动车发生财产损失交通事故，对应当自行撤离现场而未撤离的，交通警察应当责令当事人撤离现场。造成交通堵塞的，可以对驾驶人处以200元罚款。驾驶人有其他道路交通安全违法行为的，依法一并处罚。

第一部分 道路交通法律法规和相关知识

五、机动车基础知识

（一）车辆结构与车辆性能常识

1. 车辆的基本构成

汽车主要由发动机、底盘、车身和电气设备四部分组成。发动机产生的动力，通过离合器、变速器、万向传动轴和差速器传给驱动车轮，驱动汽车行驶。

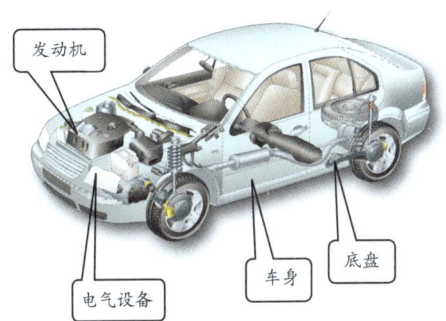

根据发动机和驱动车轮的位置，汽车分为：发动机前置前轮驱动（FF）、发动机前置后轮驱动（FR）、发动机后置后轮驱动（RR）、发动机前置四轮驱动（4WD）。

发动机前置前轮驱动

发动机前置后轮驱动

发动机后置后轮驱动

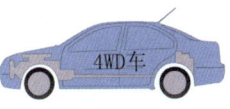
发动机前置四轮驱动

2. 车辆制动性对行车安全的影响

制动性能的主要评价指标有制动效能、制动效能的恒定性、制动时的方向稳定性。

车辆的制动效能指的是车辆迅速降低车速直至停车的能力，制动效能与制动器的制动力及路面附着力有关。制动力增大，制动效能会增强；轮胎磨损过度及制动片磨损过度时，或者在湿滑及冰雪路面行驶时，制动效能会明显变差。

制动器使用不当会产生热衰退和水衰退。制动器抵抗热衰退和水衰退的能力，称为制动效能的恒定性。

1）制动器的热衰退，是指汽车高速制动或连续下长坡反复制动时，制动器的温度迅速升高，引起制动效能急剧下降或制动失效的现象。

2）制动器的水衰退，是指车轮涉水后，制动片与制动鼓（盘）之间因进水而形成水膜，制动效能下降。因此，车辆涉水后，应擦干被水浸湿的部位，保持低速行驶，并间断轻踩制动踏板，以恢复制动效能。

车辆在制动过程中维持直线行驶的能力或按预定弯道行驶的能力称为制动时的方向稳定性。制动时的方向稳定性不好的主要表现有制动跑偏、制动侧滑等。

1）制动跑偏。车辆直线行驶时，在转向盘固定不动的条件下，制动过程中车辆自动向左或向右偏驶的现象称为制动跑偏。制动跑偏的主要原因是左右车轮制动力分配不均匀。汽车制动时跑偏会使其驶入对向车道或驶出路外、滑下山坡，造成严重交通事故。

2）制动侧滑。车辆制动时，某一轴或两轴发生横向滑移的现象称为制动侧滑。制动侧滑的主要原因是路面湿滑、车轮抱死、制动时猛打方向等。制动侧滑（尤其后轴侧滑）会引起车辆剧烈的回转运动而失控，可能造成碰撞、翻车、掉沟等恶性交通事故。

3. 车辆通过性对行车安全的影响

车辆通过性是指汽车在一定载质量条件下，能够以足够高的平均速度通过各种坏路、无路地带和克服各种障碍的能力。车辆通过性的评价指标有最小离地间隙（底盘高低）、接近角、离去角、纵向通过角、

51

最小转弯直径、内轮差等。通过性差的车辆，在经过坡道、崎岖路面、狭窄弯道、松软地面时，车辆容易触碰地面（如触头、托底）、转不过弯或轮胎打滑，可能导致车辆受损甚至引发安全事故。

（二）运行材料的作用和使用要求

1. 轮胎

轮胎具有承担汽车重量、缓冲汽车振动和保证与地面之间的附着力等作用。轮胎的性能对汽车的动力性、制动性、行驶稳定性、平顺性和燃料经济性等都有直接影响。现代汽车多采用充气轮胎，轮胎的气压及磨损情况关系着车辆行驶的安全性。轮胎气压过低、有裂纹或损伤时，车辆行驶中可能引起爆胎。轮胎磨损严重时会影响行车安全，需及时更换。

2. 燃油

车用汽油标号有两种：一种是国四标准汽油，有90号、93号和97号三个牌号；另一种是国五标准汽油，牌号为89号、92号和95号。汽油的牌号按照汽油的抗爆燃（爆燃是发动机气缸内的一种不正常燃烧现象）能力划定，汽油牌号越高，其抗爆燃性能越好。

柴油的牌号是按其凝固点的高低表示的，例如-10号表示其凝固点不高于零下10℃。柴油的选用主要依据当地季节和最低温度，柴油的凝固点应当低于当时最低气温4～6℃。

3. 润滑油

发动机润滑油是润滑系统的工作液，主要起润滑、冷却、清净、密封和防蚀的作用。发动机润滑油可分为冬季用机油、非冬季用机油和多级机油（四季通用）三类。号数越大，机油的黏度越高，适用的气温越高。添加机油时，按照车辆使用说明书要求选用和定期更换规定牌号的机油，不同牌号的机油不能混用。

齿轮润滑油的作用是减少齿轮及轴承的摩擦与磨损，提高传递效率，减小齿轮间的振动、冲击和噪声，加强摩擦表面的散热作用，清洗摩擦表面，带走污染物，防止机件锈蚀。

4. 车用冷却液

车用冷却液是汽车循环冷却系统的冷却介质，是由蒸馏水与防冻剂按一定比例配制而成。冷却液的主要作用是防冻、防沸、防腐、防锈、防垢。水与防冻剂的比例不同，冷却液的冰点也不同。冷却液一般呈绿色或红色。优质冷却液的沸点应在108℃以上。根据汽车使用地区的气温，选用不同冰点的冷却液，冷却液的冰点至少要比该地区最低温度低10℃。要按照汽车使用说明书要求选用和定期更换规定牌号的冷却液，不同牌号的冷却液不能混用。

5. 风窗玻璃清洗液

风窗玻璃清洗液主要由水、清洁剂和酒精配制而成，可快速清除风窗玻璃上的灰尘与污渍。风窗玻璃清洗液分为夏季用和冬季用两种类型，需要添加时要根据气温情况来选用，要尽量避免混用不同牌号的清洗液。

（三）常见操纵装置

1. 转向盘的作用

汽车转向盘（俗称方向盘）是操纵汽车行驶方向的装置。转向盘通过转向机构控制转向轮向右、向左改变汽车行驶方向或保持汽车直线行驶。

这种握转向盘的动作是错误的

（1）离合器踏板 离合器踏板是离合器的操纵装置，用以传递或切断发动机与变速器之间的动力。踩下离合器踏板，离合器分离，动力被切断；抬起离合器踏板，离合器即接合，动力被传递。

这是离合器踏板

2. 机动车踏板的分类和作用

机动车踏板分为离合器踏板、加速踏板、制动踏板。

（2）加速踏板 加速踏板用于控制进入发动机气缸内燃油或空气的量。踩下加速踏板，发动机转速提高，动力增加。抬起加速踏板，发动机转速和动力下降。

这是加速踏板

（3）制动踏板 制动踏板是行车制动器的操纵装置。踏下制动踏板，行车制动器发挥作用，车轮制动。放松制动踏板，制动解除。

这是制动踏板

3. 变速操纵杆的作用

变速杆是变速器的操纵机构，选择不同的档位即变换变速器内不同齿轮的啮合，改变汽车的动力、速度和进退方向，使汽车加速、减速或实现倒车。

这是变速杆

4. 驻车制动器的作用

驻车制动器手柄（踏板）是驻车制动器操纵装置，供驻车时制动使用。拉紧手柄（或踏下踏板）起制动作用，放松手柄（或抬起踏板）解除制动。

这是驻车制动器手柄

5. 点火开关的辨识和作用

点火开关用于接通或切断起动机、点火和电器线路。点火开关一般设有 O 或 LOCK、I 或 ACC、II 或 ON、III 或 START 四个位置。

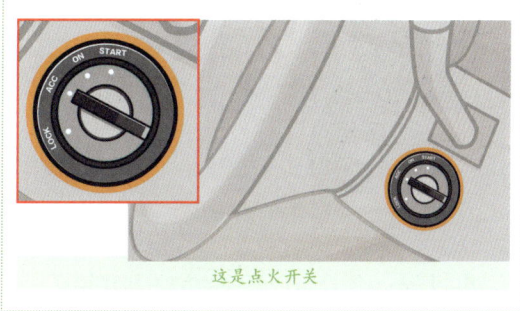
这是点火开关

点火开关转到 START 位置时即起动起动机。

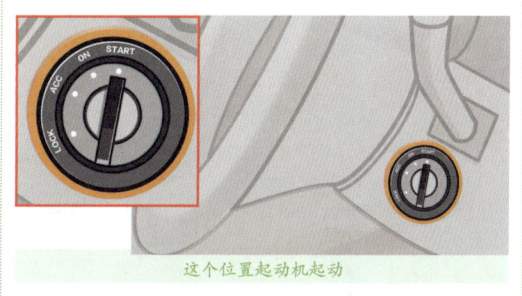
这个位置起动机起动

点火开关转到 I 或 ACC 位置时，发动机关闭，其他车用电器可正常使用。

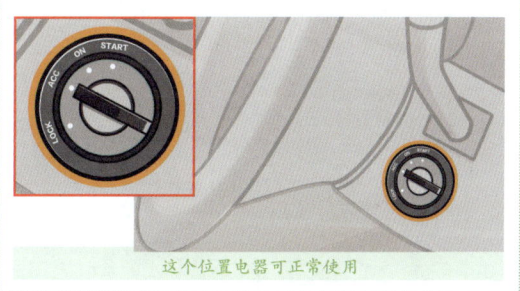
这个位置电器可正常使用

起动发动机后，松开点火开关，自动回到 ON 位置，发动机开始工作。

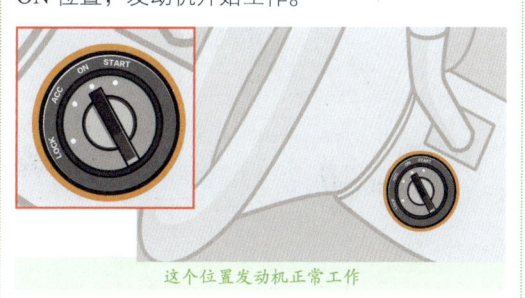
这个位置发动机正常工作

点火开关转到 LOCK 位置时，发动机熄火，拔出钥匙转向盘会锁住。

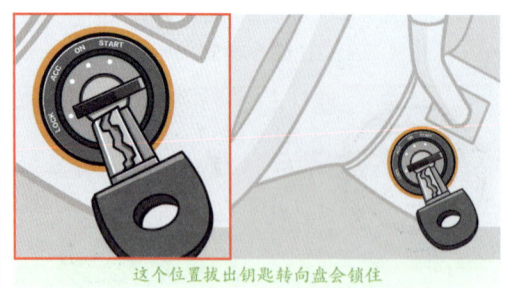

这个位置拔出钥匙转向盘会锁住

6. 灯光、信号组合开关的辨识和作用

组合开关可控制前照灯（远光灯和近光灯）、转向灯、示廓灯和信号灯光。打开开关，旋转到前照灯位置时，前照灯点亮。将开关向上提，则右转向灯亮。将开关向下拉，则左转向灯亮。

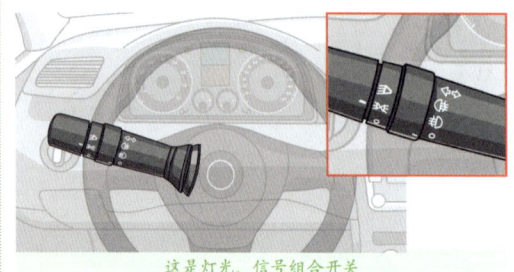

这是灯光、信号组合开关

将灯光、信号组合开关旋转到前照灯符号的位置时，前照灯亮。

开关旋转到这个位置时，前照灯亮

将灯光、信号组合开关旋转到前后位置灯符号的位置时，前后位置灯亮。

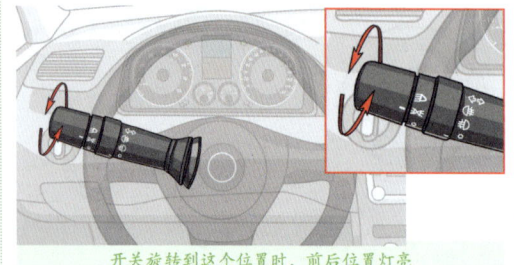

开关旋转到这个位置时，前后位置灯亮

将灯光、信号组合开关旋转到后雾灯符号的位置时，后雾灯亮。

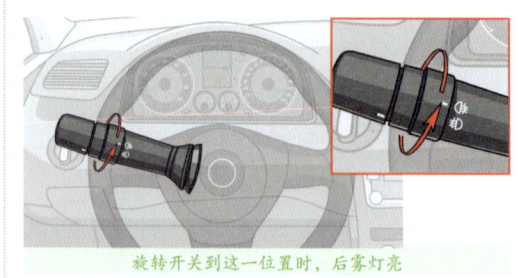

旋转开关到这一位置时，后雾灯亮

将灯光、信号组合开关上下提拉，控制左右转向灯，向上提则右转向灯亮，向下拉则左转向灯亮。

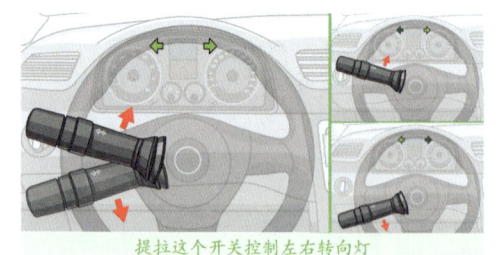

提拉这个开关控制左右转向灯

7. 风窗玻璃刮水、除霜和除雾装置

刮水器与洗涤器开关控制刮水器与洗涤器，在雨天或下雪天行驶时使用，可清除风窗玻璃上的雨雪，保证驾驶人有良好的视线。

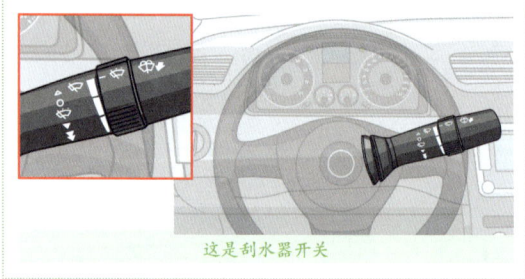

这是刮水器开关

刮水器开关控制风窗玻璃刮水器，可由低到高选择不同的刮刷档位，刮水片随档位的变化，以不同的频率刮刷风窗玻璃。

这个开关控制风窗玻璃刮水器

上下扳动刮水器开关，前风窗玻璃刮水器开始工作。向上拨动手柄，则刮水器单次刮水一回；向下拨动手柄有3个档位（分别是间歇刮水、慢速刮水、快速刮水），将开关手柄向下拉或向上推，可选择不同的刮刷档位；向内拉手柄，则喷风窗玻璃清洗液。

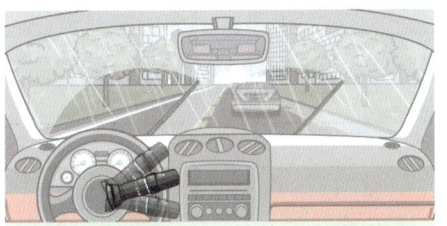

上下扳动这个开关，前风窗玻璃刮水器开始工作

除雾器开关控制汽车除雾器，用于减少前、后风窗和车外后视镜表面上的湿气、雾气和霜，以改善视野。按下前风窗玻璃除霜器开关，则前风窗玻璃除霜器开始工作。按下后风窗玻璃除霜器开关，后风窗玻璃除霜器开始工作。

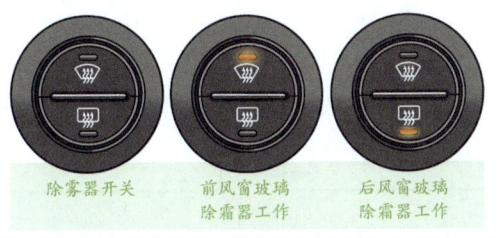

除雾器开关　　前风窗玻璃除霜器工作　　后风窗玻璃除霜器工作

（四）常见安全装置

1.仪表的辨识和作用

在汽车的仪表板上安装有各种仪表、指示灯及警告灯，用于帮助驾驶人观察和掌握汽车及其各系统的工作情况，提示异常现象和故障，以便及时消除安全隐患。

（1）**车速里程表**　一般由车速表、里程表、日里程表组成。速度表指示汽车行驶速度，单位为公里/时（km/h），速度表指针所指的数字显示当前车辆的行驶速度。里程表累计行驶总里程数以公里（km）为单位；日里程表用于记录一天或某段区间的里程数；按回零按钮至"0"位后开始计数。

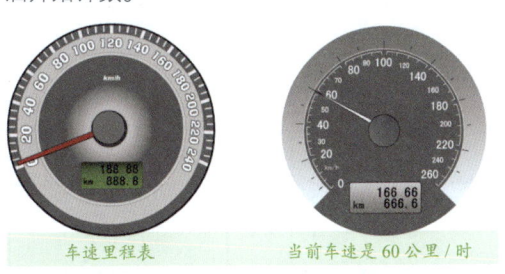

车速里程表　　当前车速是60公里/时

（2）**发动机转速表**　发动机转速表用于指示发动机的转速，单位为1000转/分（×1000 r/min），转速表指针所指的数字显示当前发动机转速。发动机运转时，转速表指针不能超过红色警示区。

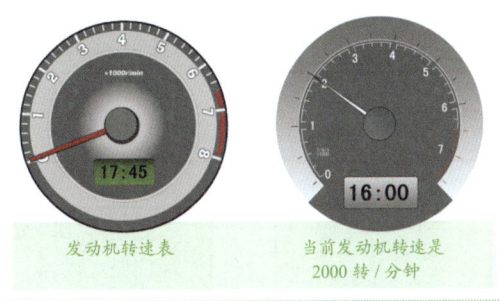

发动机转速表　　当前发动机转速是2000转/分钟

（3）**冷却液温度表**　冷却液温度表用于指示发动机冷却液的温度，单位为摄氏度（℃）。"C"表示温度低，"H"表示温度高，冷却液温度表指针所指的位置显示当前冷却液的温度。

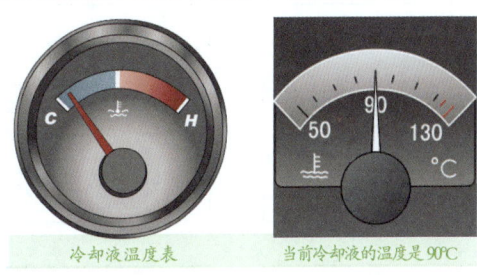

冷却液温度表　　当前冷却液的温度是90℃

（4）**燃油表**　指示油箱内存油量，表上标有"0""1/2""1"三个读数，分别表示"空""一半""满"。进口汽车的燃油表上标有"FUEL"字样，指针指向"F"表示满，指向"E"表示空；当最低燃油液面报警灯亮时，提醒需要加注燃油。

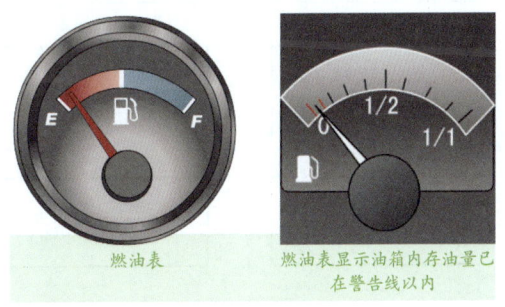

燃油表　　燃油表显示油箱内存油量已在警告线以内

2.指示灯及照明、信号装置

汽车仪表板设置的各种开关符号、指示灯和警告灯，都连接着汽车相关的部位，表示不同的含义。开关灯亮提示开关已打开，指示灯亮提示设备正在使用。警告灯亮，提示连接部件的运行情况出现异常现象，要及时停车检查，及时发现安全隐患，预

防事故发生，保证汽车正常运行。驾驶人要记住以下这些开关符号、指示灯和警告灯的标识和含义。

		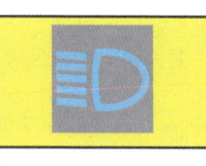	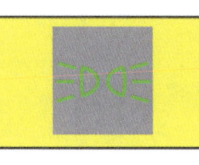
车灯总开关	前照灯近光	前照灯远光	位置灯
	 (转向指示灯)		
前雾灯	转向指示灯	危险报警闪光灯	燃油不足报警

	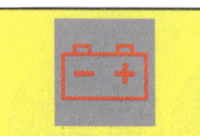	

（上表错位，改为）

冷却液温度报警	机油压力报警	电路故障报警	制动故障报警

ABS 故障报警	发动机故障报警	冷/暖风扇	空气外循环

空气内循环	空调制冷指示	地面及迎面吹风	迎面吹风

地板及风窗吹风	前风窗玻璃刮水器	前风窗玻璃洗涤	后风窗玻璃洗涤

 雪地起步模式
 儿童安全锁
 安全带报警
 车门锁开关

 电动车门
 冷却液不足
 左转向指示灯开启
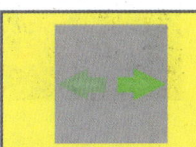 右转向指示灯开启

 两侧车门开启或提示两侧车门未关闭
 提示左侧车门未关闭
 提示右侧车门未关闭
 行李舱开启

 发动机舱开启
 驻车制动器处于制动状态

3. 安全头枕的作用及使用要求

汽车座椅上安全头枕的主要作用是在发生追尾事故时，能有效保护驾驶人和乘车人的颈部不受伤害。调整安全头枕高度时，保持头枕中心与后脑中心平齐，才能发挥保护作用。如果行车前驾驶人不根据自己身高调整头枕高度，头枕就不能发挥保护作用，一旦发生追尾事故，即存在被严重伤害的危险。

4. 安全带

安全带的作用是在汽车发生碰撞或紧急制动时，固定驾乘人员位置，减轻对驾乘人员的伤害。驾驶人和乘车人在汽车行驶前，系好安全带是最有效的自我保护方法，在遇到意外危险情况时可避免受到致命的伤害。

发生追尾事故时，安全头枕能有效保护驾驶人的颈部

安全带的主要作用是汽车发生碰撞或紧急制动时减轻对驾乘人员的伤害

驾驶机动车行驶时，驾驶人、前排乘坐人员应当按规定使用安全带，儿童乘车要使用儿童安全座椅并系好安全带。

这位驾驶人违反法律规定的行为是没系安全带

5. 安全气囊

安全气囊是一种辅助保护装置。汽车发生碰撞时，安全气囊迅速膨胀，在驾驶人、乘车人与仪表板之间形成一个气垫，从而减轻人体受伤害的程度。机动车发生正面碰撞时，只有安全气囊配合安全带形成双重保护，才能充分发挥对驾乘人员的保护作用。

安全气囊加上安全带的双重保护才能充分发挥作用

6. 儿童安全锁

儿童安全锁是保护儿童的专用安全装置。安全锁在锁止位置时，从驾驶室内无法打开车门，只能在车外用门把手将车门打开。这种装置可防止车辆行驶中或紧急停车时，儿童自己打开车门而发生危险。具体使用方法可参照车辆使用说明书。

7. 儿童安全座椅的作用及使用要求

车用儿童安全座椅是安装在汽车座椅上的选配装置，儿童安全座椅系于汽车座位上（应当置于后排座位上），供儿童乘坐，有束缚设备，能在发生车祸时最大限度保障儿童的安全。正确使用儿童安全座椅，可以在遇到紧急制动和交通事故时防止儿童受伤，保障儿童乘车安全。

8. 防抱死制动装置（ABS）

汽车紧急制动时，防抱死制动装置（ABS）可防止车轮抱死，以便最大限度发挥制动器效能，在提供最大制动力的同时使车前轮保持转向能力，消除制动过程中的跑偏、甩尾等不稳定状态。

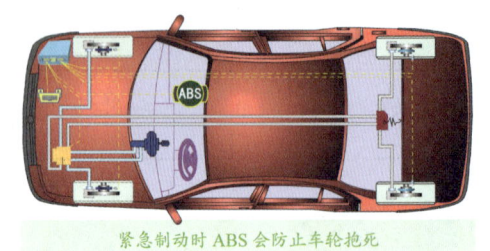

紧急制动时 ABS 会防止车轮抱死

安装防抱死制动装置的车辆紧急制动时，可用力踏制动踏板，但在紧急制动的同时转向，车轮还可能侧滑。另外，不要依赖防抱死制动装置缩短制动距离，尤其是在冰雪路面上紧急制动时，防抱死制动装置无法有效缩短制动距离。

9. 逃生出口种类和使用要求

小型载客汽车的主要逃生出口是两侧车窗和后风窗玻璃，有些车的后排座椅下设有通往后货舱的逃生口，在车辆发生事故无法打开车门时，可敲碎侧窗或后风窗玻璃逃生；有后舱逃离通道的，可掀开后排座椅从后舱逃离。

车长小于 6 米的客车，在乘坐区的两侧有紧急情况时易于乘客逃生或救援的侧窗。车身右侧仅有一个供乘客上下的车门时，设置安全门、安全窗、击碎玻璃的手锤或外推式安全窗。长途客车、卧铺客车和旅游客车还应设置有弹射式车顶安全出口。每个安全出口的附近都有"安全出口"字样，在每个应急窗的邻近都有一个应急锤。在乘客门和应急出口的应急控制器（包括用于击碎应急窗车窗玻璃的工具）的附近，标有清晰的符号或字样，注有用应急锤击碎玻璃的操作方法。安全顶窗应易于从车内、外开启或移开，安全顶窗开启后，应保证从车内外进出的畅通。

第二部分 基础与场地驾驶

一、基础驾驶

（一）基础驾驶理论知识

掌握驾驶基础动作是驾驶汽车最重要的环节。能否系统地掌握准确、规范的基础动作，对养成规范的驾驶姿势和动作习惯影响很大。驾驶基础动作主要包括认识汽车外观、汽车的基本组成，第一部分已做介绍，不再赘述，本部分只对仪表、指示灯驾驶操纵装置的操作进行详细介绍。

1. 仪表

（1）**电流表与充电指示灯** 指示蓄电池充电或放电的电流值，监控充电电路工作是否正常。电流表指针指示在中间"0"的位置，指示灯不亮；打开点火开关，电流表指针指向"-"的一侧、指示灯亮，表示蓄电池放电；发动机向蓄电池充电时，电流表指针指向"+"的一侧，指示灯熄灭。

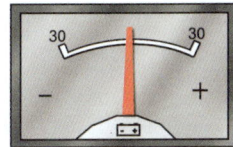 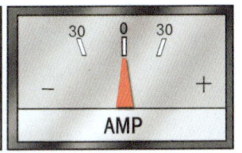

（2）**机油压力表** 指示发动机运转时润滑系统主油道内机油的压力；机油压力报警灯是发动机机油压力过低的警报装置。接通点火开关，指针摆在"0"位置，报警灯亮；发动机怠速运转时，机油压力不低于 0.80×100 千帕（kPa），报警灯熄灭；发动机正常运转时，机油压力应在 3×100～4×100 千帕之间。

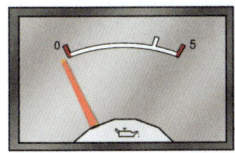 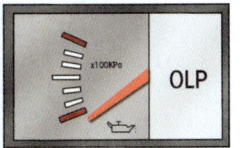

（3）**冷却液温度表（水温表）** 打开点火开关，冷却液温度表显示温度，温度报警灯瞬间闪烁后或发动机起动后熄灭。冷却液温度过高或冷却液面过低时，报警灯亮。

 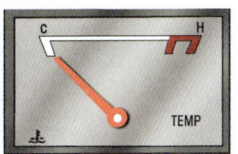

（4）**发动机转速表** 用于调整发动机怠速时检视转速，检视发动机维持最高效率时的每分钟转速。电子转速表的指示器可以用模拟或数字形式显示转速数值；转速表上标有红色示警区，发动机转速不得超过红色示警区。

2. 指示（报警）灯

（1）**制动报警灯** 即驻车制动器及制动系统故障指示灯。驻车制动器操纵杆拉起时，指示灯亮，颜色为红色；松开后，指示灯熄灭。行车途中该灯亮起，表示制动系统出了问题。

（2）**车门报警灯** 即车门打开时的指示灯。车上任何一扇车门打开或关闭不严时，指示灯亮，颜色为红色。部分车辆设有左右两侧车门指示灯，分别指示左侧或右侧车门打开或关闭不严。

（3）**安全带报警灯** 即提示安全带连接或断开的指示灯。安全带插头未插入固定扣时，指示灯亮，颜色为红色；安全带插头插入固定扣时，指示灯灭。

（4）危险报警闪光灯　也称为故障停车信号灯，一般与转向信号灯、停车信号灯共用，有的车辆单独设置。按下危险报警闪光灯按钮，所有的转向信号灯和停车信号灯同时闪烁。

（5）倒车信号指示灯及报警器　即倒车时的报警装置。将变速杆挂入倒档时，倒车信号指示灯亮，报警器发出断续的报警声，用以警告车后的行人和车辆驾驶人。

3．开关

（1）点火开关　大多数安装在转向盘右下方，一般设有四个位置，分别标注 O 或 LOCK（插入或拔出点火钥匙位置，在此位置时，转向盘会被锁住）、Ⅰ 或 ACC（在此位置时，发动机关闭，其他车用电器可正常使用）、Ⅱ 或 ON（发动机工作位置）、Ⅲ 或 START（起动机工作位置）。顺时针转动打开点火开关时，切断起动机，点火系统和车辆电器线路接通，逆时针转到底关闭点火开关。

（2）照光－组合开关　大多数安装在转向盘左下方转向柱上，控制着转向灯、照明灯光和信号灯光装置，用左手操纵，常见的有旋转－提拉式。向前转动操纵杆，一档位置，示宽灯、尾灯、牌照灯和仪表灯亮；二档位置，前照灯和上述所有灯亮。向外推动操纵杆，开启前照灯远光；把操作杆向内提，开启前照灯近光灯；连续提、放操纵杆，可进行远、近光变换。向上抬杆，开启右转向灯；向下按杆，开启左转向灯。

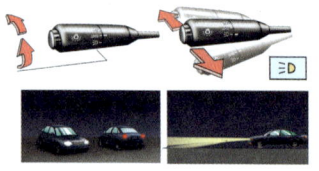

（3）风窗玻璃刮水器开关　大多数安装在转向盘右下方转向柱上，用右手操纵；将开关手柄向下拉或向上推，可选择不同的刮刷档位；向内按手柄，喷清洗液。

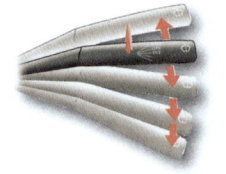

（4）危险报警闪光灯（俗称双闪开关）　按下开关按钮，车辆前后的两侧转向灯会同时闪烁；再按一次开关，关闭危险报警闪光灯。

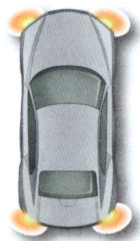

（5）雾灯开关　按下前雾灯（或向前旋转）开关，前雾灯指示灯、前雾灯亮；按下后雾灯（或向后旋转）开关，后雾灯指示灯、后雾灯亮；部分车辆的前、后雾灯只有在示宽灯或边灯、近光灯或远光灯亮时才亮。

（6）后视镜手动操纵开关　位于车辆前门内侧，可在车内对车外后视镜进行 4 个方向上的调整。扳动室内后视镜扳钮，后视镜上下转动一个角度。夜间将内后视镜扳钮向上扳，后视镜防眩目功能起作用，往下扳后视镜恢复原位。

（7）行李舱手柄　位于仪表板左下方或左侧门下方，拉起手柄或按下按钮，行李舱门打开；关闭行李舱门要从车外部操作，抓住行李舱门上的把手往下拉至 3/4 行程，然后可在车外部把行李舱门按到底，锁止。

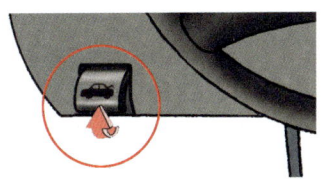

（8）发动机舱盖手柄（按钮） 位于仪表板下方，拉起手柄或按下按钮，发动机舱盖打开；提起发动机舱盖边缘上的锁舌，即可掀开发动机舱盖；关闭时，从外部放下发动机舱盖，按落到底并卡紧。

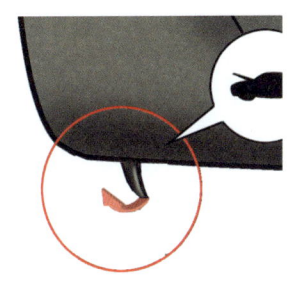

4．转向盘的规范操作

握转向盘时，要将两手分别握在转向盘左、右两侧（左手握在时钟位置的9～10时之间，右手握在时钟位置的2～3时之间），四个手指由外向内握住转向盘，大拇指握住转向盘，两手都不要握得过紧。转动转向盘时，两手动作应互相配合，适当用力，根据转向角度的大小，以左手为主，右手为辅，适当地推动和拉动。

 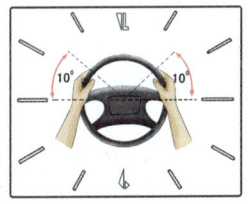

向左转弯或变道时，都要向左转动转向盘。向左转动转向盘要以右手为主向左推动，左手为辅顺势拉动。连续向左转动转向盘，应两手交替运用，以右手推为主，左手拉为辅，当右手转至时钟位置的8～9时之间，左手顺势拉动，连续转动转向盘时，至交叉位置迅速将左手放开，从右肘上交叉握在时钟2～3时位置，变辅为主继续向左拉动，同时将右手顺势反转握住时钟3～4时位置，左、右手循环交替推拉。

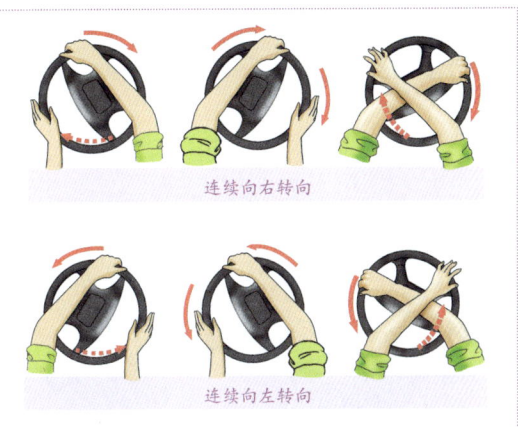

向右转弯或变道时，都要向右转动转向盘。向右转动转向盘要以左手为主向右推动，右手为辅顺势拉动。连续向右转动转向盘时，应两手交替运用，以左手推为主、右手拉为辅。当左手转至时钟位置的2～3时之间，右手顺势拉动，至交叉位置迅速将右手放开，从左肘上交叉握在9～10时位置，变辅为主，继续向右拉动，同时将左手顺势反转握住8～9时位置，左、右手循环交替推拉。

5．变速杆的规范操作

操纵变速杆时，手掌轻握球头，以手腕和肘关节的力量为主，肩关节为辅，随着推拉方向的变化，掌心贴球头的方向适当变化。换档时，两眼注视前方，不得低头下看变速杆，不得强推硬拉变速杆。变换档位时要逐级进行，不得无故越级换档。起步前挂不进档位时，可松踏一次离合器踏板后再挂。如果发现错挂档位，要立即踏下离合器踏板重挂。需要挂倒档时，要将车完全停住，解除倒档锁止装置后挂入。

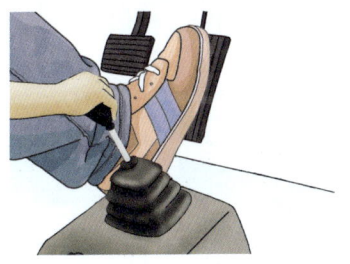

6．驻车制动器操纵装置的规范操作

驻车制动器操纵装置有手操纵杆和脚踏板两种。使用手操纵杆式驻车制动器时，右手四指并拢握住操纵杆，大拇指按在操纵杆顶的按钮上，将杆柄向后（向上）拉紧，即起制动作用；松放时，先将操纵杆稍向后（向上）拉，然后用大拇指按下杆头的按钮，再将杆向前推送到底，即解除制动。使用脚踏板式驻车制动器时，左脚踏下

驻车制动踏板，起制动作用；将制动踏板踏下后再抬起，解除制动。

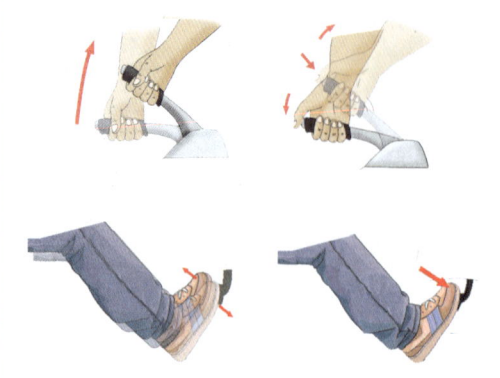

7. 离合器踏板的规范操作

踏离合器踏板时，要用左脚前掌踏离合器踏板，踏下离合器踏板的动作应迅速、一踏到底、使离合器分离彻底。松抬离合器踏板要做到：快—慢—停—慢—快。离合器半联动只能短时间使用，长时间使用会烧毁离合器机件。

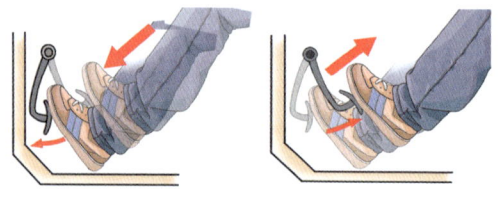

8. 制动踏板的规范操作

踏制动踏板时，要用右脚踏在制动踏板上，以膝关节的伸屈动作踏下或放松制动踏板。踏下制动踏板的行程、速度及力度，应根据制动效果的需要而定。踏制动踏板时，不能注视踏板，要靠脚和腿的感觉进行操作。

9. 加速踏板的规范操作

操作加速踏板时，要将右脚跟靠在驾驶室底板上作为支点，前脚掌轻轻踏在加速踏板上，用踝关节的伸屈动作使踏板松抬或踏下。要做到"轻踏、缓抬"，切忌忽抬忽踏或连续抖动。

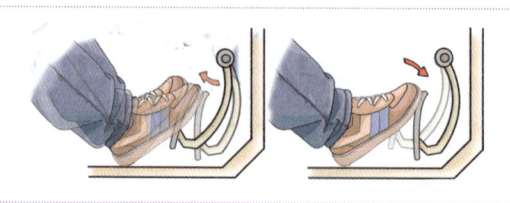

 小知识

车辆的日常维护与保养是非常重要的，驾驶人应当了解和掌握一些基础知识和方法，请扫描二维码观看发动机舱检查视频。

（二）基础驾驶操作

系统地进行基础驾驶操作训练，掌握规范的基础驾驶操作技能后，再进入场地驾驶是非常重要的。不经过基础驾驶训练，在没有掌握前进和倒车要领与技能的情况下，直接进行规定项目训练，难度会增大，进步很慢，教学效果差，浪费燃油和训练时间。基础驾驶操作包括上车前观察、进入驾驶室、安全调整与检查、驾驶姿势调整、起步前准备、起步操作、加速、换档、减速、停车、倒车、行驶位置和行驶路线的选择。

1. 上车前观察

上车前要养成绕车一周检查车辆外观及周边安全状况的习惯，仔细检查车辆周围有无妨碍起步的障碍物等安全隐患，车身外观有无划伤或损坏，镜面、车灯表面是否清洁，号牌是否被遮挡，轮胎气压是否正常，有无漏水、漏油、漏气等现象，确认无影响安全起步的隐患。

2. 上车进入驾驶室

准备进入驾驶室时，首先站在驾驶室左侧门前，用左手握住车门把，打开车门，左手移至车门内侧，右手握住转向盘。将右脚伸向加速踏板，侧身使臀部、腰部、上身依次进入驾驶室，自然坐下。然后收左脚进驾驶室并放在离合器踏板左下方，同时右手移至转向盘右侧，左手将车门关至离门框10厘米时，稍用力将车门关好，从车内锁好车门。

3. 安全调整

（1）**调整座椅** 用座椅调节装置同侧的手操作调节装置前后滑动座椅，另一只手则握住转向盘，将座椅调整到前脚掌能将离合器踏板（左脚）和制动踏板（右脚）轻松踏到底腿部仍有一个大于90度角的弯曲时为宜。再调整椅背，将胸椎以下的背部自然地靠在座椅靠背上，两臂前伸，腕关节放在转向盘顶端，肩部自然放松，肘部能稍微弯曲时为宜。

（2）**调整安全头枕** 将头枕调整到合适位置，当发生追尾事故时，头枕能有效地保护颈椎不受伤害。头枕能支撑头和颈部，将头枕上端调整到约与头顶平齐，后脑正对头枕中心。

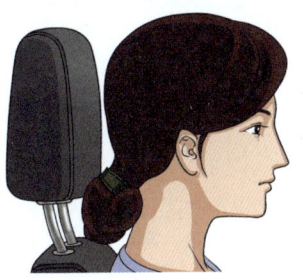

（3）**调整内后视镜** 保持正确的驾驶姿势，面向正前方，右手握内后视镜边缘，调整到转动眼睛时便可看到车后部的情况为宜。一般要将后风窗玻璃置于内后视镜中央位置。

（4）**调整外后视镜** 外后视镜左右位置调至能看到自己车身占镜子横向的1/4，车外物体占镜子横向的3/4。外后视镜水平位置调整时，左右后视镜要有所不同。左侧后视镜使地平线位于上下方的中间，尽量能看到后方更远的地方；右侧后视镜使地面情况占到镜面的2/3为宜，以扩大右后视镜视野，减少盲区。

（5）**调整安全带** 扳动调整钮调整好安全带的高度，缓慢将安全带向下拉，使安全带位于肩与颈根之间，并通过胸部的适当位置，再将搭扣插头插入插座的插孔里。稍用力拉安全带，检查自动锁止是否安全有效。

 知识链接

系安全带的注意事项

①确保安全带平展不打卷、不扭结，以免影响安全带的固定效果。

②安全带应从肩部经锁骨下的前胸通过，不要距颈根部太近，否则安全带起作用时会割伤颈部或颈部动脉。

③切不可将安全带系在胳膊下方。

④腰部安全带应由小腹（即肚脐以下）前通过，紧贴髋骨下部，不要系在腹部。

4. 检查操纵装置

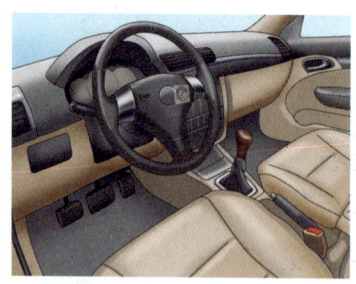

1）检查汽车转向盘的自由转动量，最大不得超过20度。
2）检查变速杆是否在空档位置（P位）。
3）检查驻车制动器是否处于制动状态。
4）检查制动踏板和离合器踏板能否踏到底，踏板与驾驶室地板之间的间隙是否合适，是否有障碍物。
5）检查加速踏板是否灵活，有无卡滞现象。

5. 调整正确的驾驶姿势

保持正确的驾驶姿势对安全操作和预防疲劳很重要。坐在驾驶座位上，您的身体应对正转向盘，胸部略挺，腰部、臀部轻靠在靠背上，头部端正，两眼平视前方，左、右两膝自然分开，膝盖微弯曲，能够轻松自如地踏加速踏板、离合器踏板和制动踏板，两手分别轻松地握住转向盘两侧边缘，肘部微曲。

6. 起步

起步时，打开左转向灯，挂起步档，鸣喇叭（非禁鸣区），松开驻车制动器，适当控制发动机转速，缓抬离合器踏板至半联动点，使车辆平稳起步后完全抬起离合器踏板。抬离合器踏板要做到"两快、两慢、一停顿"；加速踏板要与离合器踏板配合一致，踏下离合器踏板的同时，须抬起加速踏板，防止发动机高速空转。

7. 加速、加档

加速加档前，平稳地踏下加速踏板，逐渐提高车速。当车速适合换入高一级档位时，松抬加速踏板，在踏下离合器踏板的同时，将变速杆换入高一级档位，并尽快逐级换至合适的档位。换档动作应连贯、迅速、准确，用力时机恰当，换档全过程保持没有间歇停顿，手脚要配合协调。加第一级档，提速要一带而过，随着档位的提高，提速距离要逐渐加大，时间适当延长。

知识链接

行车中如何选择档位？

行车中，应根据道路状况、交通流等交通特征的变化及时换档。掌握好换档时机及时、准确地换档，可使发动机处于运行的经济转速。变速器一般有四五个前进档位和一个倒档，其中1档、2档为低速档，减速增矩作用显著，但油耗很高。3档为中速档，是汽车由低速到高速或由高速到低速的过渡档位，车速稍快，但油耗也较大，不宜长距离行驶。4档、5档为高速档，由于传动比小或为直接传动，车速快，油耗最低，是车辆行驶时应尽量使用的档位。

8. 减速、减档

减速时，提前抬起加速踏板，利用发动机牵阻作用提前进行减速，随即将右脚移至制动踏板上，适时地用行车制动减速。使用制动减速时，右脚迅速从加速踏板上移开，放在制动踏板上，轻踏制动踏板进行缓慢减速实现平稳驾驶。遇到紧急情况，采用先急后松法进行制动，即第一脚制动先急速踏下，接着缓冲第二脚，然后根据发生情况点的距离慢慢松开制动踏板，换入合适的档位后，再踏下加速踏板正常行驶。

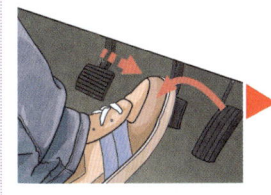

减档时,要适当降低车速,在右脚抬起加速踏板的同时,左脚踏下离合器踏板,随即将变速杆挂入低一级档位。减档运用要求连贯、准确、迅速,挂档或脱档时要注意手腕的爆发力。逐级减档无法保持发动机有足够动力时,可越级减档。减档一定要掌握好车速与档位的匹配,尤其注意转速不易过快。

知识链接

为什么不提倡电喷发动机汽车空档滑行?

电喷发动机有强制怠速断油功能,在挂档且加速踏板完全放开的情况下,发动机转速高于设定的转速时会自动切断燃油供给;当发动机转速低于设定转速时才会重新供油。因此,电喷发动机汽车减速适用带档滑行。如采用脱档滑行减速,则发动机处于怠速状态,转速相对提高,消耗燃油增多。

9. 停车

停车时,提前选择好停车预定地点,开启右转向灯,松抬加速踏板,逐渐将车驶向道路右侧。当车速降至10公里/时,踏下离合器踏板,将车辆平稳而正直地停放在道路右侧预定地点。

平稳停车的关键是行车制动器的使用技巧,应先轻踏制动踏板,再逐渐加重或可适当修正踏板力度,以平顺减速;当汽车即将停住时,稍抬制动踏板,然后轻轻踏下制动踏板,实现平稳停车。

提前选择好停车预定地点

  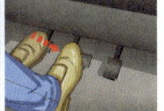

停车后,拉紧驻车制动器操纵杆,变速杆应处于空档位置(上坡停车挂一档,下坡停车挂倒档),关闭转向灯,放松离合器踏板和制动踏板,关闭点火开关。

10. 倒车

倒车与前进相比,驾驶人无法看见的部分(死角盲区)非常多,操作难度大,在任何时候倒车前都应该认真地进行安全确认。倒车要保持较低速度,可不踏加速踏板,利用离合器的半联动,控制车速慢慢后倒;需要加速或遇到不平的路面时,轻踏加速踏板,保持可随时停车的速度;当速度过低时,可适量踏下离合器踏板,避免发动机熄火。

倒车前,要下车进行安全确认

倒车过程中要对准找好的参照物,低速行驶,发现偏差,及时调整转向盘进行修正。转向盘的转动方向与倒车方向一致。倒车有两种常用姿势,一种是注视后车窗,倒车时,左手握转向盘上缘,上身向右后转体,下体向右微斜,右手扶住前排乘客座椅靠背上端,两眼通过后车窗注视后方目标;另一种是注视后视镜,倒车时,通过车内、外后视镜选择倒车目标,稳住加速踏板,保持车速缓慢平稳。

倒车时,要注视后视窗

二、场地项目驾驶

场地项目驾驶训练是针对驾驶考试设定项目的训练教学,这些项目的训练主要是要求在规定的场地内驾驶车辆按各项考试要求进行练习,掌握场地和场内道路驾驶的基本要领和方法,培养驾驶人对车辆空间位置的判断能力,准确地控制车辆的行驶位置、速度和路线,掌握规定的驾驶技能,顺利通过考试。

(一)倒车进库

1. 目的和要求

倒车进库考核驾驶车辆从左侧或者右侧倒进车库的要领和方法。重点是车辆后倒时,通过观察左右后视镜和后窗,判断转弯角度和行驶轨迹,进库后及时回正转向盘保持直线倒车的操作。此项目是为了培养驾驶人日后驾驶车辆倒入T形停车位、独立车库并安全停车的实际驾驶能力。

2. 驾驶方法

从两侧正确倒入车库的关键是找准参照物、参照点及转向盘回正时机的把握。刚开始练习时,可在车身上找点作为参照,在车位线上找转动转向盘的参照点以及回正转向盘的参照点,当车运行到视线、车、参照点三点为一线时转动转向盘。随着操作的熟练,应逐步去掉参照点。

倒入车库前,将车停在车库的右侧起始点,车身与车行道边线保持120厘米至150厘米的平行距离,观察后视镜向后倒车,当参照点重叠时,向右将转向盘转到底。然后,从右后视镜观察车位右前角,调整车身右后角与车位右前角保持20厘米至30厘米的距离,低速行驶进库,倒车中微调转向盘,车倒进车位后与车位两边线保持等距。当眼睛与左右后视镜及车位前左右角三点重叠时停车。

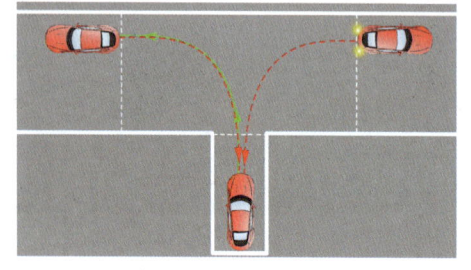

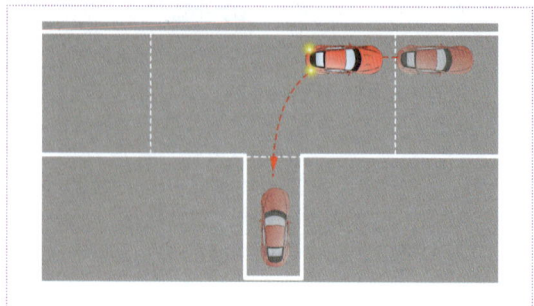

低速驶出库位,当车头与车行道边线重叠时向左将转向盘转到底,当车运行至与车行道边线平行距离120厘米至150厘米时停车。

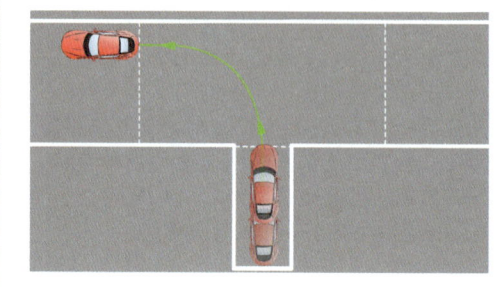

挂倒档倒车行驶,当参照点重叠时向左将转向盘转到底。然后从左后视镜观察,调整车身左后角与车位左前角的距离保持在20厘米至30厘米,低速运行,微调转向盘使车身与车位两边边线保持等距,当眼睛与左右后视镜及库前左右角三点重叠时停车。

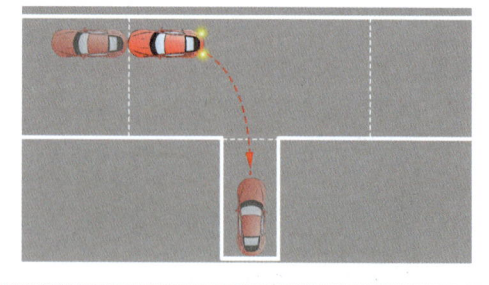

(二)坡道定点停车和起步

1. 目的和要求

坡道定点停车主要是考核在坡道上驾驶车辆判断设定停车目标的位置、准确定点停车的要领和方法。其重点是控制车辆速度,准确判断车辆前悬长度及车前端与停止线的距离。此项目是为了培养驾驶人日后驾驶车辆在有坡度的路口停止线、停车让行线等地点定点停车的实际驾驶能力。

2. 驾驶方法

坡道起步主要是考核驾驶车辆在上坡道平稳起步的要领和方法。其重点是掌握离合器联动点的判断，驻车制动操纵杆、加速踏板和离合器踏板三者配合的操作。此项目是为了培养驾驶人日后在上坡路段因故停车和防止车辆后溜，或在上坡的交叉路口停车后安全平稳起步的实际驾驶能力。

坡道定点停车和起步可根据自己的身高、习惯等条件在车上找一个点作为参照点，在地面或路边找一个点作为参照，选择好行驶线路，体会车的最前端与停止线的距离，体会在坡道上离合器处于半联动时的感觉，掌握使用离合器半联动在坡道上控制车辆既不后溜又不前进的驾驶技能。

在进入上坡道前，开启右转向灯，向右转动转向盘靠坡道右侧行驶。接近右侧缘线时，向左小幅修正转向盘，再迅速向右回正转向盘，使车辆右侧与路右侧边缘线保持平行，并距离边线30厘米以内。慢速靠近停车点，当发动机舱盖右前角与标杆平行时，踏下离合器踏板、制动踏板停车，随即拉紧驻车制动器，挂空档，关转向灯。

坡道起步时，踏下离合器踏板，挂起步档，开启左转向灯，向上稍拉驻车制动操纵杆，按下按钮。左脚抬离合器踏板至半联动位置停顿（发动机声音有变化），右脚适量踏下加速踏板保持一定转速（发动机转速提升至 1500～2000 转／分），松驻车制动操纵杆的同时缓踏加速踏板缓慢起步。

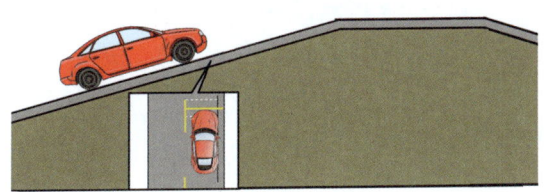

（三）侧方停车

1. 目的和要求

侧方停车是考核驾驶车辆观察左右后视镜和后窗，倒入右侧固定车位一次完成停车的要领和方法。其重点是停车过程中把握好转动转向盘和回转向盘的时机，准确判断倒车进库时车辆尾部右侧进库时机和进库后向左回转转向盘的时机，掌握利用离合器半联动控制车辆低速平稳行驶及观察目测的能力。

此项目是为了培养驾驶人日后在路边停车位遇到前后有车的情况下，能够安全顺利一次停入空留车位的实际驾驶能力。

2. 驾驶方法

将车驶过停车位（尾部需过停车位），车身右侧与行车道边线保持30厘米平行间距停车。观察右后视镜怠速、倒车，当右后轮进入停车位左前角时，向右将转向盘转到底。视线从右后视镜转移至左后视镜，观察车身左后角。车尾左后角距离停车位右后边线约30厘米时，迅速向左将转向盘转到底，观察右后视镜。

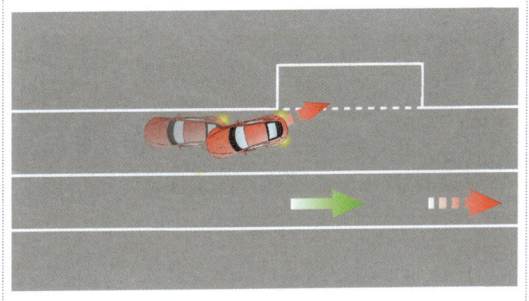

车身与停车位右边线平行时回正转向盘停车，拉驻车制动操纵杆，踏下离合器踏板，松抬制动踏板，将变速杆挂入空档，完成侧方停车。

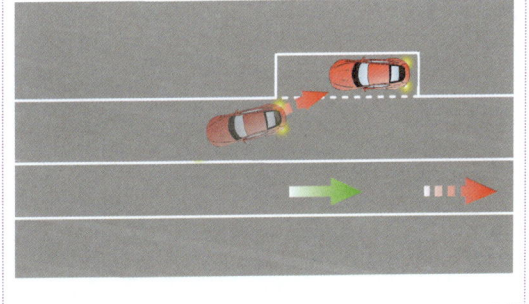

（四）曲线行驶

1. 目的和要求

曲线行驶是考核驾驶车辆在 S 弯路段，把握车身空间位置和转向时机，判断前后轮的行驶轨迹（内轮差），顺利通过 S 弯的要领和方法。其重点是准确判断和控制车辆转弯时前后车轮行驶轨迹，准确操纵转向盘并控制车辆沿 S 弯曲线行驶。此项目是为了培养驾驶人日后通过狭窄弯道、施工路段、乡村弯路、绕行障碍物及泥泞道路、雪后道路低速沿曲线车辙行驶的实际驾驶能力。

2. 驾驶方法

用低速档进入曲线路段时，观察视野要开阔，要观察道路的宽度和弯度。进入弯道后，适时调整转向盘，使右侧车轮尽量靠外侧边线行驶。车辆进入第一弯道时，将车头右前角压住右边线行驶；进入第二弯道时，将车头左前角压住左边线行驶；进入下一弯道时，适时调整转向盘，左车轮外侧始终沿弯道边缘线内从出口处驶出。整个过程要做到前外轮不越线，后内轮不压线，车速尽量保持匀速状态，把握好曲线弧度和车与边缘的距离。在曲线路行驶中改变方向时，转动转向盘的动作要快而适度，修正转向盘要及时准确。

（五）直角转弯

1. 目的和要求

直角转弯是考核驾驶车辆正确把握操作转向盘的时机和角度，准确判断车辆的内、外轮差，顺利通过直角弯路的要领和方法。其重点是对车辆内、外轮差的判断和在直角路处转向时机的把握。此项目是为了培养驾驶人日后通过狭窄胡同、转直角弯、进出单位大门、进入T形停车位或独立车库等情形的实际驾驶能力。

2. 驾驶方法

进入直角弯路时应提前注意控制车速，怠速缓慢行驶。先向右缓慢转向，让车身尽量靠近右侧边沿（不能出线）后，回正转向盘直行。

观察左后视镜，当左后视镜与内弯道角平行时，迅速向左将转向盘转到底，在车身将要回正时，及时回正转向盘直线驶出直角路段，停车，通过直角弯路。

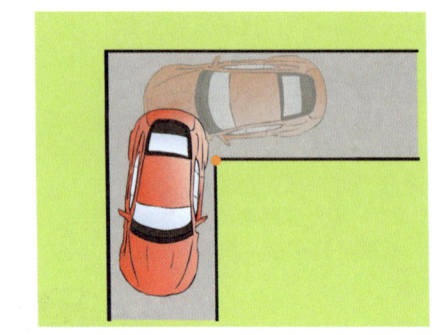

第三部分　道路驾驶技能

一、道路驾驶训练

（一）上车准备与起步

上车前准备与起步主要训练驾驶人在上车前的准备、检查和起步前安全确认、观察的能力，培养驾驶人上车前检查车辆、起步前仔细观察的习惯，掌握安全起步的方法。其重点是掌握车辆检查的内容和方法、起步观察的规范操作，以及驾驶车辆安全平顺起步。此项目是为了培养驾驶人日后行车前进行车辆检查的习惯和驾驶车辆在各种环境、道路条件下安全起步的实际驾驶能力。

1. 上车准备

上车前，从车左后侧逆时针方向绕车一周，边走边观察车身外观、轮胎及周围环境等情况，重点检查号牌有无遮挡，轮胎气压是否正常，汽车的底部、后部及坐在驾驶室无法看到的盲区内有无影响安全起步的情况，确认起步前的安全。

切记，绕车一周一定不要认为是一种走马观花的形式，要养成每次上车前都要进行上车前仔细检查车辆的习惯。

逆时针绕行

走到车辆前方与车辆左侧车身平行的位置，站立，略向前探身，向左侧头观察道路上的车辆、行人等交通情况。在确认没有机动车和非机动车超越时，再走到驾驶室车门一侧，再次向车后方转头观察，进一步确认安全，然后用左手打开车门，按规范动作进入驾驶室，关好车门。

就站在这个位置观察

2. 起步

进入驾驶室后，关好车门，调整座椅、头枕，系好安全带，检查车内设施，先进行车内安全确认。起动发动机后，观察仪表及信号报警装置有无异常，待发动机转速降至最低后，通过两侧外后视镜和内后视镜观察后方、侧方交通情况，进行起步前的安全确认。

注意观察车内后视镜

在不影响道路正常行驶的车辆和行人通行的情况下，挂起步档、开启左转向灯，注意观察左侧后视镜，按起步要领缓慢、平稳起步。在起步过程中，要注意观察前方道路和左后视镜内的影像，发现妨碍起步的情况，要及时停车，待再次确认安全后重新起步。

注意观察后视镜

（二）换档与直线行驶

直线行驶主要训练驾驶人在道路上根据道路交通状况合理控制车速、正确使用档位、保持直线行驶和绕障碍行驶的能力,培养驾驶人掌握在道路上控制行驶方向、速度、间距和加减档的方法。其重点是驾驶车辆在不同的道路条件下,对行驶位置、行车间距进行正确的判断。此项目是为了培养驾驶人日后驾驶车辆在实际道路上控制行驶路线、保持安全行车间距、安全绕行和避让的实际驾驶能力。

1. 换档

起步后,车辆保持直线行驶,及时进行加档操作。加档时,要注意各个档位的发动机转速,把握好换档时机,动作迅速、平顺,脱档迅速、进档准确,在道路条件允许的情况下,尽快换到最高档。加档过程中,每升一级档位,都尽量做到在发动机的经济转速内实现无感觉平顺加档。

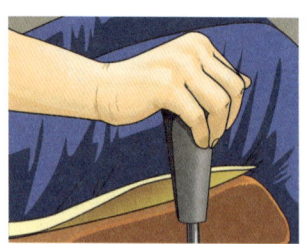

根据道路情况合理控制车速,在不影响其他车辆和行人正常通行的情况下,尽快向左进入行车道,保持直线行驶。在遇到道路和交通情况变化时进行制动减速后,要及时减入合适的档位,保持发动机有足够的动力。减档动作要连贯、准确、迅速,车辆无闯动和拖档现象。减档要尽量做到逐级进行,但因制动造成速度过低,逐级减档无法保持发动机足够的动力时,可采取越级减档的方法。

2. 方向控制

在道路驾驶中,两手轻松握稳转向盘,两眼目视前方,余光顾及近处,根据道路交通情况和限速标志合理控制车速,在道路良好的情况下,保持车辆直线行驶。感觉转向盘有向左或向右偏移时,要及时适量小幅度地修正,消除偏驶现象。遇到一些需要修正转向盘的情况时,要以左手为主,右手为辅(随动或滑动),控制好转向盘的自由行程,操纵转向盘做到少转少回,预转预回,尽快进入直行状态。

3. 跟车行驶

在道路上跟车行驶时,要注意观察前车信号灯的变化和动态,根据道路交通情况控制跟车速度,始终与前车保持安全距离,做好随时减速的准备。遇前车制动灯亮或发出变道、转向信号时,及时采取相应的减速措施,并做好停车避让的准备。

(三)变更车道

变更车道主要是训练驾驶人驾驶车辆在各种道路条件下,向左或向右安全变更车道的能力,掌握变更车道前观察、判断、转向和安全变更车道的驾驶方法。其重点是变更车道前对道路情况的观察、变道时的安全确认以及速度的控制和时机的掌握。此项目是为了培养驾驶人驾驶车辆在道路上超车、让超车、进入路口导向车道前、从内侧车道驶向外侧车道、从外侧车道驶向内侧车道、从主车道驶出、从辅路进入主车道、进入高速公路加速车道或减速车道等情况下,安全顺利地变更车道的实际驾驶能力。

1. 安全变更车道

驾驶车辆变更车道时,至少提前3秒开启转向灯,提醒后方来车;同时注意观察,保持安全距离,然后驶入要变更的车道。在道路上因超车、超越障碍物、避让非机动车和行人需要向左(右)变更车道前,要通过左(右)侧后视镜仔细观察左(右)后方道路情况,确定后方没有车辆超越时,开启左(右)转向灯,在不影响其他车辆正常通行的情况下,向左(右)变更车道行驶。

驾驶汽车变更车道的过程中，要随时注意观察左（右）后视镜中道路交通情况影像，保持与其他车辆和行人的安全间距，发现有正在超越的车辆或影响安全变道的情况，要及时放弃变道。在有禁止超车交通标志的路段，不得向左（右）变更车道。

2. 路口安全变道

在前方交叉路口需要改变行驶方向时，要提前选择行驶车道，在进入交通标线实线区域前开启转向灯，仔细观察变道一侧后视镜中道路交通情况影像，在确认变道一侧没有车辆或其他影响安全的前提下，缓慢进行变更车道。

3. 车流量大的路段变道

在车流量大的路段尽量不要变更车道，因前方有障碍物或车辆停驶确需变更车道时，要提前打开转向灯提示后方车辆，并通过后视镜观察变更车道一侧后方行驶车辆的情况。确认后方跟随车辆减速时，再缓慢向变更车道一侧转向，随时注意后方跟随车辆的动态，做好减速或驶回原车道的准备。

（四）会车

会车主要是训练驾驶人在道路上驾驶车辆时遵守通行规定，保持安全的横向距离，掌握安全、规范地进行会车的方法，培养驾驶人驾驶车辆在各种情况的道路上会车时，遵守通行规定，控制车速和横向间距，合理选择交会地点的能力。其重点是会车前对道路情况的观察、行驶路线的确定、会车前和会车时的速度控制、会车时对道路两侧情况的处理，避免妨碍交会车辆和右侧车辆或行人的正常行驶，预防发生刮碰事故。此项目是为了培养驾驶人日后驾驶车辆在各种不同道路条件下，合理选择行车路线和速度，正确避让障碍和通过特殊路段，安全进行会车的实际驾驶能力。

1. 会车地点选择

在道路上遇到对面有来车时，要注意观察道路交通情况，尽量选择在路面较宽、道路交通情况良好、两侧无障碍的路段作为交会地点，并根据对面来车的速度，判断到达交会点的时间，控制行驶速度，以便实现在预定的交会地点安全会车。

2. 安全会车

在道路上遇到对面有来车需会车时，提前靠路右侧行驶。在双向两车道的路面，要在道路中心线右侧行驶，并与右侧车辆或行人保持安全间距。会车时，严格遵守通行规定，正确判断会车地点，根据到达会车地点的时间控制行驶速度，保持直线行驶，在预定的会车地点与对方车辆交会时能保持安全间距。

（五）超车与让超车

超车、让超车主要是训练驾驶人驾驶车辆时根据道路和交通情况合理选择超车和让超车行驶路线，掌握正确进行超车和让超车的方法，培养超车与让超车前的观察能力、超车与让超车时机的掌握，以及超车时车速和间距控制的能力。其重点是对前车的观察，选择超车或者让超车路段，确定超车或者让超车时机和速度，超车或者让超车途中紧急情况处置。此项目是为了培养驾驶人日后驾驶车辆在道路上根据需要和道路条件，遵守超车、让超车规定，安全、规范地进行超车和让超车的实际驾驶能力。

1. 超车

遇到前车行驶缓慢需要超车时，要提前开启左转向灯并鸣喇叭，夜间可变换使用远、近光灯，提醒后车以及前车驾驶人。在确认前车减速让超后，保持安全距离，从前车的左侧尽快超越，尽量减少超车中并行时间。进入左侧道路超车，无法保证与正常行驶前车的横向安全间距或被超车无让超空间时，应主动放弃超车。超车后，从右侧后视镜看到被超车全身时，开启转向灯，逐渐驶回右侧车道。在与被超车辆拉开必要的安全距离后，开启右转向灯，驶回原车道。夜间可选择路宽车少地段超车。

遇到这种情况超车时，从前车的左侧超越

2．让超车

行车中，注意从后视镜观察后方道路上的情况。在确保正常安全行驶的前提下，一般不超过20秒观察一次后方交通情况。发现后车发出超车信号时，只要前方让超无妨碍，就必须靠右减速让超，也可辅助手势示意后车超越。让超过程中，有障碍物或其他情况不具备让超条件时不要勉强让超。让超后前方遇有障碍物，但后车正在超车过程中，不能为绕过障碍而向左转向，只能减速或停车让超。

让超车时要做到让速让路一让到底：让速，让到既尽量缩短了超车距离，又不影响后方车辆的正常行驶；让路，让到既不危及本车和右边车辆、行人的安全，又可使超越车辆超得顺利。不得故意不让或让路不让速。

（六）通过路口

通过交叉路口主要是训练驾驶人驾驶车辆根据道路交通状况，以安全的速度和行驶路线通过各种路口和立交桥的要领和方法，培养驾驶人在交叉路口直行、转弯和通过复杂交叉路口、环岛、立交桥、铁路道口的能力。其重点是通过路口时控制速度、仔细观察，左转弯选择行驶路线，右转弯避让机动车、非机动车和行人。此项目是为了培养驾驶人日后驾驶车辆在交叉路口、环岛、立交桥、铁路道口控制车速、直行、转弯、选择通行路线、安全避让和顺利通过路口的实际驾驶能力。

1．路口直行

在有交通信号的路口直行时，要注意路口交通标志的提示，在路口前虚线区驶入直行车道，行至路口前根据路口情况减速行驶或停车等待，看到绿色信号灯亮或交通警察发出直行信号时，安全通过路口。在没有交通信号控制的路口，要减速或停车瞭望，确认安全后直行通过路口。

在交叉路口前看到交通警察发出直行手势信号或直行信号灯亮时，可直行通过路口。

进入交叉路口前看到禁止直行交通标志时，即表示前方路口禁止一切车辆直行。有时间、车种等特殊规定时，按辅助标志说明确定能否通行。

2．路口左转弯

在有交通信号的路口左转弯前，要在路口前虚线区驶入左转弯车道。行至路口前根据交通信号指示减速行驶或停车等待，遇直行信号灯亮时进入左转弯待转区等待。看到左转弯箭头信号灯亮或交通警察发出左转弯信号时，按路口标线的引导向左转弯。在没有交通信号控制的路口，要减速或停车瞭望，确认安全后，向左转大弯通过路口。

3．路口右转弯

在有交通信号的路口右转弯时，要在路口前虚线区驶入右转弯车道。行至路口前减速行驶，有箭头信号灯的路口遇有转弯红色箭头灯亮时，停在停止线前等待。没有箭头信号灯的路口，减速瞭望，注意右侧的非机动车和行人，在不影响车辆和行人通行的情况下，向右转弯安全通过路口。

4. 通过环岛路口

道路右侧环形交叉路口警告标志警示前方是环形交叉路口。接近环岛前，在距环岛 50～100 米处减速慢行，并根据环岛的交通情况适时控制速度。

通过环形交叉路口时，要根据预告环岛出口通往方向的信息，选择行驶路线。驶出环岛前，根据交通标志的提示确定出口位置，在有两条或两条以上车道的环岛内侧车道行驶时，要提前变更到外侧车道行驶。驶近出口时，开启右转向灯，注意观察右侧车辆、行人的动态，右转弯缓慢驶出环岛。

（七）通过人行横道

通过人行横道主要是训练驾驶人驾驶车辆合理控制车速、礼让行人的方法，培养通过人行横道前观察、合理控制车速、礼让行人，安全通过人行横道的能力。其重点是对人行横道两侧进行观察、停车礼让行人，安全地通过人行横道。此项目是为了培养驾驶人日后驾驶车辆顺利、安全通过人行横道的实际驾驶能力。

1. 安全通过人行横道

通过有交通信号灯的人行横道，要遵守信号灯的指示。人行横道绿灯亮时，必须停在停车线外，让人行横道内的行人优先通行。通过没有设置交通信号灯的人行横道前，要提前减速或停车瞭望，在确保行人安全的前提下通行。

2. 礼让行人优先通行

驾驶车辆通过人行横道时，要注意礼让行人。接近人行横道时，先注意观察两侧的行人、非机动车动态，确认安全后再通过。遇行人正在横穿人行横道时，要及时停车让行。若行车道绿色箭头灯亮后，前方人行横道仍有行人行走，也要等行人通过后再起步通过。如果从行人两侧绕行或与行人抢行都可能导致交通事故。

在设有行人控制的专用信号灯的人行横道前，当绿灯亮正常通过时，要注意观察人行横道左右两侧是否有行人。如果看到行人站在行人控制的专用信号灯附近时，首先要预见行人可能要去按信号灯按钮，信号灯将要变化，行人会迅速通过人行横道，此时要及时减速，做好停车让行的准备。

（八）通过学校区域

通过学校区域主要是训练驾驶人驾驶车辆在学校区域减速观察、文明礼让，避让学生和校车，掌握确保安全通过学校区域的驾驶方法，培养提前减速观察，文明礼让横过马路的学生，确保安全通过学校区域的能力。其重点是观察、停车礼让学生、安全通过学校区域。此项目是为了培养驾驶人日后驾驶车辆安全通过学校区域的实际驾驶能力。

1. 通过学校区域的观察和预防

驾驶汽车看到前方有学校或路边有注意儿童指示标志时，提示前方接近学校、幼儿园、少年宫等少年儿童经常出入的地方，进入这些区域，要提前减速慢行，注意观察。路两边停放的车辆和行人较多时，前方一般是学校门口，到了家长接送学生上学或放学的时段，要减速慢行，仔细观察道路两侧停放车辆和行人的动态，做好预防儿童突然横过道路或路边停放的机动车突然开启外侧车门的准备。

2. 安全通过学校门口

在学生上学或放学时段通过学校门口时，要减速慢行，注意观察两侧的人群，尤其是学生的动态，随时准备避让横过道路的学生或儿童。遇到学生或儿童列队横过道路时，要及时停车让行，确保学生或儿童的安全。遇到接送学生的专用校车停在校门口道路右侧停车上下学生时，同向只有一条机动车道时，要停车等待，不得绕行开启停车信号的校车。在同向有两条或三条机动车道的学校门前，遇有开启停车信号的校车时，如果在校车左侧车道行驶要及时停车，待校车起步后再通过学校门前。

在放学时段通过学校门口时，当发现道路一侧有大人向对面招手，要迅速减速或停车，做好道路另一侧的学生或儿童突然横穿道路扑向对面家长的准备。遇学生放学途中嬉戏、奔跑时，要迅速减速行驶，注意观察动向，做好停车避让准备，不得连续鸣喇叭催促或加速抢行。

（九）通过公共汽车站

通过公共汽车站主要是训练驾驶人驾驶车辆通过公共汽车站前减速，观察公共汽车进、出站动态和上、下车乘客动态，着重注意同向公共汽车前方或对向公共汽车后方有无行人横穿道路，安全通过公共汽车站的能力。其重点是观察公共汽车进、出站和上、下车乘客的动态，注意避让行人和进、出站公共汽车，安全地通过公共汽车站。此项目是为了培养驾驶人日后驾驶车辆安全通过公共汽车站的实际驾驶能力。

1. 通过公共汽车站前的观察

驾驶汽车看到前方有公共汽车站时，要预见前方有公共汽车上、下乘客，要提前减速行驶。接近公共汽车站时，看到公共汽车站附近车辆、人员相对集中，交通混乱时，要降低车速，注意观察车站内公交车和周围情况及下车乘客的动态，预判通过时可能出现的情况，提前控制行驶速度并选择好路线，谨慎驾驶。

2. 安全通过公交车站

临近停在车站的公交车时，与公交车保持横向安全距离，注意公交车的转向灯和动态，做好随时停车避让的准备，预防公交车突然起步或行人从车前穿出。与停在对面公交车站的公交车交会时，要注意观察对面公交车后方的情况，发现有人从车后横过道路，要及时减速或停车让行。

3. 公交专用车道

设有公交线路、快速公交系统（BRT）专用车道标志的车道，专供公交车、快速公交车辆行驶，驾驶其他车辆不准进入该车道行驶。有时间规定时，按辅助标志说明确定能否借道通行。在有公交专用车道线的路段，要注意避开公交专用车道，不得进入或暂时借用施划公交专用车道线的车道行驶。

（十）掉头

掉头主要是训练驾驶人驾驶车辆根据道路条件正确选择掉头地点，掌握进行安全掉头的方法，培养在不同的路段、路口掉头时，正确进行判断，按标志、标线和有关规定进行安全掉头的能力。其重点是在掉头前正确选择掉头地点、掉头地点的安全确认、掉头路线的正确选择和正确的掉头方法及掉头过程中的观察和事故预防。此项目是为了培养驾驶人日后驾驶车辆在各种道路条件和环境下，正确选择掉头地点和方法，安全进行掉头的实际驾驶能力。

1. 选择掉头地点

汽车掉头要选择无禁止掉头标志、交通流量少、不妨碍车辆和行人正常通行的宽阔路段进行。在有中心线的路段掉头，要选择虚线处作为掉头地点。不要选择人行横道、铁路道口、窄路、弯道、桥梁、隧道、涵洞和有禁止掉头、禁止左转标志、标线、信号灯的路口作为掉头地点。

2. 安全掉头

掉头过程中要严格控制车速，仔细观察道路前后方情况，确认安全后方可前进或倒车，并随时做好停车准备。在坡道上因故必须掉头时，每次停车都应使用行车制动器和驻车制动器控制，以免因车辆溜动而发生事故。严禁在不准掉头的区域或危险路段掉头。

在有中心虚线或没有中心虚线的道路上掉头前，要停车观察掉头路段交通情况，只要不影响正常车辆通行就可以开启左转向灯掉头。掉头倒车过程中，遇到后方有来往车辆行驶的情况时，要主动停车避让，不能妨碍行人和其他车辆正常通行。

这种情况只要不影响正常交通可以在虚线处掉头

（十一）靠边停车

靠边停车主要是训练驾驶人驾驶车辆停车时，正确选择停车地点和位置，掌握平顺、安全、准确地将车停到预定位置的方法，培养停车前的观察、停车地点和位置的选择、靠边临时停车和停入车位的能力。其重点是确定停车位置后，车速的控制、向右变道的时机、停车后与路边的距离和对右侧后视镜的观察。此项目主要是为了培养驾驶人日后驾驶车辆在路边临时停车、固定停车位停车、停车场长时间停放时，能够选择合理的路线和速度，在预定位置安全停车的实际驾驶能力。

1. 选择停车地点

驾驶汽车在道路上停车，要选择道路施划的停车位内、停车场或者路面平坦坚实、无禁止停车标志、不妨碍交通的路段和地点。路边临时停车时，要避开坡道、积水、结冰或松软路面。不要选择人行横道、交叉路口、铁路道口、隧道内、立交桥上、山区等容易发生塌方、泥石流路段作为停车地点。不准在车行道、人行道等影响通行的地方停车。

2. 路边安全停车

路边临时停车时，要开启右转向灯，通过后视镜观察道路后方交通情况，确认在不妨碍其他车辆和行人通行时，在提前选定的地点靠路右侧按顺行方向停放。车辆停放应距路右侧边缘30厘米以内。在车位停车时，要停到车位内。雨天临时停车后，要开启危险报警闪光灯。夜间或雾、雪天临时停车后，要开启危险报警闪光灯、示廓灯和后位灯。

3. 安全下车

下车前，要通过后视镜并向左、右侧头仔细观察后方、两侧交通情况，并提醒乘车人侧头观察下车一侧的交通情况，确认可以安全下车后，再缓开车门。下车开车门的幅度不要过大，开车门的动作要缓慢，开车门不得妨碍其他车辆和行人通行。下车后,要锁好车门,并进行确认。

确认安全方可打开车门下车

(十二)夜间行驶

夜间行驶主要是训练驾驶人驾驶车辆在夜间条件下,正确使用灯光,掌握判断与识别路面和观察与判断道路情况的方法,培养掌握夜间道路驾驶规律,正确操作灯光开关变换灯光和使用信号装置,对夜间行车环境的适应能力。其重点是灯光和使用信号装置开关的操作,夜间驾驶规律,对夜间道路的识别和对道路情况的观察、判断与处理。此项目是为了培养驾驶人日后夜间驾驶车辆时,适应夜间驾驶规律,在不同的条件下能正确判断路面状况,根据有关规定在不同的交通环境下正确使用灯光,能够在夜间道路安全行车。

1. 灯光的使用

夜间行车开车灯不仅仅是为了照明,更重要的是告知其他道路使用者注意本车行驶状态。当灯光只能显示出车辆轮廓时,就需要开启车灯。夜间起步前,开启左转向灯、示廓灯、位置灯、近光灯,起步后,车速在30公里/时以下时,使用近光灯。在照明条件差的道路或没有照明的道路上,对面没有来车的情况下,车速超过30公里/时可使用远光灯,近距离跟车行驶使用近光灯。在有路灯、照明良好的道路上行驶时,不得使用远光灯。

2. 起步

夜间驾驶汽车起步前,先开启近光灯,仔细观察前方道路及车辆周围的情况,特别要注意灯光照射区域以外黑暗中的非机动车和行人,确认安全后,开启左转向灯,缓慢平稳起步。起步后,注意观察灯光照射区域内道路上的情况,先保持直线行驶,在确认左侧没有车辆超越后,再向左侧缓慢转向,逐渐进入正常行驶状态。

3. 变更车道

夜间在道路上超车、避让障碍、转弯、掉头或停车需变更车道前,要分析道路交通流的状态,通过后视镜观察两侧车道内车辆的行驶情况,正确地选择行驶车道和变更时机。若看到两侧后视镜内有车灯逐渐接近,则说明后车车速较快,不易变更车道。看到两侧后视镜内车灯逐渐远离时,提前3秒开启转向灯,再次观察道路两侧车辆行驶情况。在不妨碍其他车辆正常行驶的情况下,逐渐变更到所需车道。

第四部分 安全文明驾驶常识

一、安全行车常识

机动车的维护分为日常维护、一级维护和二级维护。

（一）机动车日常检查与维护

1. 出车前的安全检查

出车前从左前门处开始，逆时针方向绕车一周，查看车辆外观及车辆周围、车底安全情况，认真检查车辆安全部位、轮胎、号牌、车灯等安全状况；观察有无液体渗漏现象和其他安全隐患。确认汽车周围没有行人和障碍物等影响安全起步的隐患后，方可上车。

2. 车辆的日常维护

日常维护是由驾驶人在每日出车前、行车中和收车后负责执行的车辆维护作业。其作业的中心内容是清洁、补给和安全检视。日常维护具体作业内容如表 4-1 所示。

表 4-1 日常维护具体作业内容

维护时段	检查项目	要　　求
出车前	各部润滑油（脂）、燃料、冷却液、制动液及液压油等各种工作介质和轮胎气压等情况	及时进行补给以保证行车前汽车油液充足、清洁和性能良好；轮胎气压符合要求
出车前	制动、转向、灯光信号等安全部位和装置以及发动机运转状态	进行检查、调整、紧固，以确保行车安全
行车中	仪表、灯光工作情况	确保工作正常
行车中	轮胎、表面磨损情况和车轮花纹间有无镶嵌物	及时进行清理，剔除杂物
行车中	炎热天气，检查车轮轮毂温度	若温度过高，应将车辆停在阴凉通风处自然降温
收车后	对车辆进行清洁和检查	保持车容和发动机外表整洁，如有故障应及时排除或维修

（二）安全驾驶状态

1. 酒精对驾驶的影响

人饮酒后，酒精会麻醉、抑制中枢神经系统，使人产生头晕、困倦等症状。驾驶人饮酒后，注意力、判断力下降，操作能力降低，易产生冒险和挑衅心理。

饮酒后驾驶，驾驶人会感觉反应迟钝、头脑昏沉、眼花缭乱，不能集中注意力观察周围交通情况，视觉、听觉敏锐度降低，对周围情况的判断能力下降，对距离和速度判断的准确性降低，直接影响安全行车。

酒精的麻醉作用会使驾驶人触觉能力和动作协调能力降低，驾驶人的眼、手、脚之间不能有效协调配合，导致驾驶人不能正确有效控制车辆的行驶状态，操作失误也会大大增加。过多的酒精刺激还会使驾驶人过高估计自己的驾驶技术，不易听取他人劝告，容易误解他人的驾驶行为，极易产生冒险和挑衅心理，从而引发过激的危险驾驶行为。

酒后驾驶是一种严重的违法行为，当驾驶人血液中的酒精含量大于或者等于 20 毫克/100 毫升、小于 80 毫克/100 毫升时，就是酒后驾驶；当驾驶人血液中的酒精含量大于或者等于 80 毫克/100 毫升时，就是醉酒驾驶。醉酒驾驶是触犯了刑法的行为，驾驶人会受到刑事处罚。

2. 毒品对驾驶的影响

人吸毒后的精神会极度亢奋，甚至出现幻觉、妄想，感觉脱离现实场景，人的判断能力下降甚至完全丧失，人的操作动作也会出现错乱。吸毒的人毒瘾（或药瘾）发作后，更是无法控制自己的情绪和行为。人吸毒后驾驶机动车，容易出现亢奋、失去理智，往往会出现情绪失控和攻击性驾驶行为，从而导致交通事故。

吸毒驾驶是一种严重的违法行为。我国法明明确规定，三年内有吸食、注射毒品行为或者解除强制隔离戒毒措施未满三年，或者长期服用依赖性精神药品成瘾尚未戒除的人不得申领机动车驾驶证。驾驶人如果在取得驾驶证后开始吸毒或长期服用依赖性精神药品成瘾的，应该注销驾驶证，绝对不能驾驶机动车上路行驶。

3. 疾病、药物对驾驶的影响

驾驶人患有一些常见疾病和慢性病，如高血压、胃病、腰肌疼痛、下肢静脉曲张等在发病期内时，要避免驾驶机动车。驾驶人在生病状态下驾驶机动车，注意力和反应力会大大降低，动作不协调，准确性也会下降，慢性疾病同样也会增加发生交通事故的可能性。

驾驶人因疾病服用药物时，一定要了解所服药物是否会有影响驾驶的副作用，避免药物对驾驶人的心理、生理产生不良影响，妨碍安全行车。驾驶人在服用一些对驾驶有副作用的药物期间最好不要驾驶机动车。常见的对驾驶有副作用的药物如表4-2所示。

表4-2 常见的对驾驶有副作用的药物

常见药物	容易出现的副作用
抗菌消炎药	头痛、眩晕、耳鸣，使身体平衡失调
抗过敏药	倦怠、嗜睡、头晕
镇定催眠类药	显著抑制中枢神经系统，疲劳、嗜睡、头晕
抗抑郁药	视力模糊、乏力、肌肉震颤
解热镇痛药	疲倦、瞌睡或头晕，视力、听力、注意力减退，反应能力、动作协调能力下降
止痛药	眩晕、恶心、嗜睡、幻觉
降血糖药	心悸、头晕、虚脱
降血压药	疲劳嗜睡、头晕眼花
抗心绞痛药	头痛、视力不清、头晕乏力

4. 疲劳驾驶的防范知识

人在睡眠不足或从事其他劳动强度大的工作后驾车、长时间连续驾驶或者在驾驶环境差的情况下驾车，很容易产生疲劳。疲劳会影响到驾驶人的注意、感觉、知觉、思维、判断、意志、决定和运动等方面。

疲劳驾驶是指驾驶人处于驾驶疲劳时继续驾驶机动车的行为。而驾驶疲劳又是指驾驶人长时间连续行车或其他生理原因，使生理机能和心理机能出现失调，客观上出现驾驶技能下降的现象。驾驶人在疲劳状态下，判断能力下降、反应迟钝、操作失误增加，很可能导致交通事故。不同疲劳程度下，驾驶人的状态及表现不同。

驾驶疲劳分为轻微疲劳、中度疲劳、重度疲劳三个阶段。驾驶人处于轻微疲劳时，会频频打哈欠、眼皮沉重，出现换档不及时、不准确的情况。驾驶人处于中度疲劳时，容易走神，动作迟缓，操作呆滞，有时甚至会忘记操作。驾驶人处于重度疲劳时，往往会下意识操作或出现短时间睡眠现象，严重时会失去对车辆的控制能力。

预防疲劳驾驶的措施如下。

1）注意劳逸结合。驾驶人平时就要注意劳逸结合，保证充足、高质量的睡眠。一天行车时间不要超过8小时，连续驾驶不得超过4小时，深夜行车不得连续超过两天。需连续行车时，要与其他人轮流驾驶，每人都不宜长时间驾驶。

2）感觉疲劳时要注意休息。驾车过程中感觉轻微疲劳时，要停车休息片刻，可在驾驶室内调整一下局部疲劳部位的姿势，如伸伸臂，抬抬腿，活动活动腰部，也可以躺一下，放松全身肌肉，也可以用冷水洗洗脸。当感觉中度或重度疲劳时，一定要停车进行长时间的休息。消除疲劳和困意的最好方式就是躺下睡一会儿，休息的环境需要安静，空气要新鲜，温度适宜。

5. 不良情绪状态对驾驶的影响

驾驶人在心情愉快、高兴满意时驾驶，反应灵敏度高，精力充沛、精神集中，观察分析情况灵敏果断、操作迅速准确，有助于保证行车安全。

驾驶人有生气、厌恶、愤怒情绪时，常常采用超速、抢行等行为进行发泄，同时对他人的驾驶行为不能宽容对待，容易诱发攻击性驾驶，使驾驶行为充满危险和暴力，对安全行车极为不利。

驾驶人感觉到恐惧、忧愁、悲哀或压抑时，感受能力降低、注意力分散、无精打采、反应迟钝、操作迟缓，时有失误，引发交通事故的概率增大。

因此，驾驶人要做好情绪管理，保持心情舒畅，避免在心情、情绪不佳时驾驶车辆；在驾驶过程中出现不良情绪时，要努力控制自己的情绪，平静心境、放松心情，做到心态平和、安全行车。

6. 集中驾驶注意力常识

集中注意力、仔细观察、提前预防是安全行车、有效避免交通事故的前提。在道路上驾驶车辆，面临的是一个非常复杂的交通环境，在操纵车辆的同时，要随时掌握前后左右的动态，预防可能出现的危险，提前采取措施，才能从容地应对各种情况。没有谨慎驾驶的意识，不集中注意力，一边驾驶一边做或想其他使注意力分散的事情，不能专注于观察和判断道路上的交通情况，则易使能够提前发现和避免的险情变成了"突然情况"，遇到危险往往不能作出及时反应、进行有效处置。

分心驾驶的危害在于，一是驾驶人注意力分散，视线离开观察道路情况，无法提前观察道路交通信息；二是会引起驾驶姿势或操作动作的变化，不利于安全平稳操纵车辆。常见驾驶车辆时的分心行为如下。

1）接打手持电话、发送信息或看地图。
2）吃东西、喝水或吸烟。
3）更换电台或光盘、观看车内视频。
4）整理头发、服饰或化妆。
5）拿取车内物品或捡拾掉落的物品。
6）长时间或频繁与车内人员聊天。
7）把注意力放在孩子或宠物身上。
8）行驶中调整后视镜或座椅。

（三）危险源的识别与预防

1. 行车视距

驾驶人保证交通安全必须保持的最短视线距离称为行车视距。行车视距与机动车制动效率、行车速度和驾驶人所采取的措施有关。行车视距一般分为停车视距、会车视距、错车视距和超车视距等。

停车视距是指驾驶人发现前方有障碍物，使汽车在障碍物前停住所需要的最短距离。会车视距是在同一车道上两对向的车辆行驶，为避免相撞而双双停下所需的最短距离。超车视距是在双车道道路上，后车超越前车时，从开始驶离原车道处起，超车后安全驶回原车道所需的最短距离。错车视距是在没有明确划分车道线的双车道道路上，两对向行驶汽车相遇，发现后即采取减速避让措施安全错车所需的最短距离。

2. 车辆盲区的辨识与预防

驾驶人坐在驾驶座位上，观察不到的路面区域是汽车盲区。汽车盲区主要有车头前部盲区、车身立柱盲区、后视镜盲区和车辆后部盲区。汽车盲区大小与车身、座椅的高度、车头的长度、驾驶人的身材及后视镜的调整角度等都有关系。在驾驶室内从后视镜中看不到地方是后视镜盲区，外后视镜的盲区范围为从车后门开始向外侧展开约30°的区域。为了预防汽车盲区里的危险，驾驶人可通过调整外后视镜减小盲区，起步、转弯、停车要充分利用扭头、侧头观察及车内辅助影像系统来消除盲区的影响。

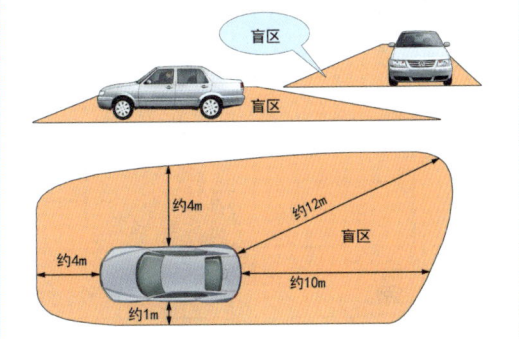

3. 内轮差知识

车辆转弯时，后轮并不是沿着前轮的轨迹行驶的。内侧前轮转弯半径与后轮转弯半径之间形成的偏差叫内轮差；外侧前轮转弯半径与后轮转弯半径之间形成的偏差叫外轮差。车身越长，内、外轮差越大。行车中如果只注意前轮能够通过而忘记内轮差，就可能造成内侧后轮驶出路面或与其他物体碰撞的事故。

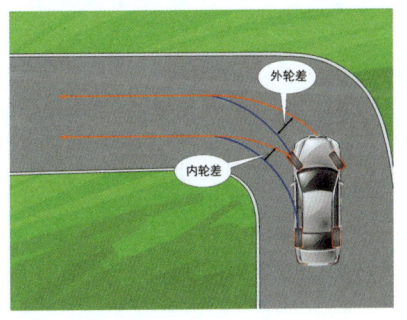

4. 行车观察与潜在危险的辨识

驾驶机动车是具有高风险的社会行为，是对周围环境有高度危险的作业。行车中，驾驶人要注意分析自身容易出现的危险行为，充分认识驾驶危险的社会危害，注意观察潜在的危险，及时纠正不良驾驶行为，规避因违法驾驶行为或驾驶错误导致的交通事故。

行车中的危险源是指在道路上可能导致交通事故、造成驾乘人员伤亡、财产损失、交通环境破坏的根源或状态。常见的危险源大体可分为三类：人的不安全行为、车辆的不安全状态、道路及环境的不安全因素。如车辆故障、超速行驶、路面湿滑、雨雾天视线不清等，都是危险源。行车中，驾驶人要善于提前识别各种危险源，防范行车风险，有效避免交通事故的发生。

道路上明显存在的危险一般通过观察可以直接发现。这种观察来自于交通信号的提示和直接能够看到的障碍或危险行为。道路上设置的警告、禁令、指示交通信号主要是为了提示或警告前方路段有危险的。路边的障碍物、路中遗撒物、横过道路的行人、路边玩耍的儿童、停在路中的车辆、路边行走的动物、明显违法行驶的车辆等，构成能够提前看到的动态危险。

道路上潜在的危险是引发道路交通事故的罪魁祸首。往往有些已发现的或者尚未发现的情况似乎没有危险，实际却存在着致命的潜在危险。行车中遇到情况比较好的路段，不要放松对危险的提防，应集中注意力，谨慎驾驶，提前发现潜在危险。常见危险源如表4-3所示。

表4-3 常见危险源

危险源种类		常见危险因素
人的不安全行为	驾驶人的不安全行为	驾驶人的违法和不文明驾驶行为，如超速行驶、疲劳驾驶、违法超车、不按规定让行、不遵守交通信号等；驾驶人操作错误或情况判断失误引起的危险，如将加速踏板误当成制动踏板、转向、会车、停车操作以及紧急情况处理不当等
	各类交通参与者的不安全行为	各类交通参与者不遵守交通规则和复杂多变的交通行为引起的危险，如行人和非机动车闯红灯、随意占用机动车道，行人翻越道路中央隔离护栏或突然横穿道路，摩托车抢行或突然改变行驶方向等
车辆的不安全状态	机动车的不安全状态	车辆安全技术条件不符合标准引起的危险，如车辆机械故障、照明及信号装置出现故障、车辆制动或转向失灵等
	车内物品的不安全状态	车内物品放置不当或装载不安全物品、装载不符合规定等引起的危险，如车内物品遮挡驾驶视线、车内物品不稳固、车辆超员、载物超重超限等
道路及环境的不安全因素	道路条件复杂	复杂道路条件引起的危险，如城市复杂交叉路口、山区道路、隧道、复杂立交桥等
	天气状况及环境恶劣	夜间和雨、雪、雾（霾）及风沙天气带来的交通环境恶化引起的驾驶风险，如雨天、雾（霾）天、冰雪天气引起的危险

（四）安全驾驶操作要求

1. 起步前的调整

上车后关好车门，调整好座椅，将座椅安全头枕的高度调整到头枕中心能支撑头部的位置，后视镜调整到转动眼睛便可看到后车窗和两侧后方的情况。

2. 安全起步

起步前，要求乘车人系好安全带，不要把身体伸出车外，不要向车外抛撒物品。起步时开启左转向灯，遇复杂交通情况时可合理使用喇叭（非禁鸣路段）。缓慢起步后，随时注意车辆两侧道路情况，向左缓慢转向，逐渐驶入正常行驶道路，不得急加速向左迅速转向驶入正常行驶的道路。

事故中造成这个驾驶人致命伤害的原因是没有系安全带

雨天起步前，使用刮水器，开启转向灯、示廓灯和位置灯，能见度低时可开启近光灯。起步后注意观察道路上的情况，在不影响其他车辆和行人通行的情况下，逐渐驶入行车道。

在这种雨天情况起步时要使用刮水器

雾天起步前，开启前后雾灯、示廓灯和位置灯，能见度低时开启近光灯和危险警告灯。起步时，开启转向灯，鸣喇叭（非禁鸣路段），提示其他车辆和行人的注意。起步后，仔细观察道路上行驶车辆的灯光信号，随时做好避让车辆和行人的准备。

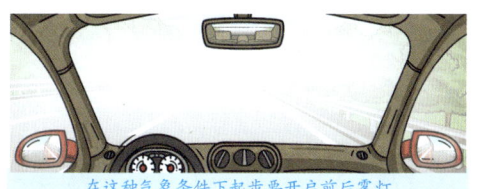
在这种气象条件下起步要开启前后雾灯

雪天起步前，开启示廓灯和位置灯，能见度低时可开启近光灯，不得开启远光灯。起步时，开启转向灯，根据路面积雪情况选择档位，起步时不得突然松抬离合器踏板和急加速，避免车轮滑转。起步后，注意观察两侧的车辆和行人，预防非机动车和行人突然滑倒。

这种能见度的情况下起步要开启近光灯

夜间起步前，开启左转向灯、示廓灯、位置灯和近光灯。起步时，认真观察两侧情况，特别要提防灯光照射不到黑暗中的非机动车和行人。在没有照明的道路上起步后，没有对面来车时可开启远光灯。

在这种环境中起步时应开启左转向灯和近光灯

3. 安全变更车道

驾驶汽车向左或向右变更车道前，通过后视镜观察左或右后方道路交通情况，确认安全后提前3秒开启左或右转向灯，再次观察道路两侧有无车辆超越，并不得影响正常通行的车辆。

即使车后50米范围内无其他车辆，变更车道也必须开启转向灯

如果发现有车辆从左侧超越时，要放弃超车，减速让行。等待车辆超越后，在不妨碍其他车辆正常行驶的情况下逐渐变更到所需车道。

向左变更车道遇到这种情况要注意让行

准备变更车道前，要仔细观察后视镜，发现有车辆从后方驶来时，不得继续变更车道，更不能迅速向左变更车道，可及时关闭转向灯提示后车已放弃超车。

遇到这种情况不得迅速向左变更车道

在前方交叉路口直行时，要提前在虚线区按导向箭头指示变更到直线车道，变更车道前一定要开启转向灯。

在这个路口直行要提前在虚线区按导向箭头指示向右变更车道

在前方路口转弯时，要在路口导向车道虚线区域按导向箭头指示提前变更车道进入转弯车道；进入实线区后，严禁向左或向右变更车道。

在该位置不能变更车道

在道路上频繁变更车道或突然变道加塞，会扰乱交通秩序，影响正常通行，造成道路拥塞，甚至引发交通事故。

4. 安全汇入车流

驾驶汽车从支线道路汇入主路（干道）车流前，提前开启左转向灯，仔细观察主路（干道）内情况，确认安全后汇入车流。汇入车流时，注意主路（干道）内的左侧车辆，不得妨碍主路（干道）车辆正常行驶。

在这种情况下驾驶人需要注意左侧机动车

在没有信号灯的路口遇有减速让行标志时，一定要减速并观察路口内车辆通行情况，让其他车辆先行。当确认不影响其他车辆通行时，再缓慢通过路口。

在有这种标志的路口转弯要减速缓慢进入主路

在没有信号灯的T形路口进入主路遇有停车让行标志时，即便主路没有车辆通行，也必须停车观察主路情况，在不影响主路车辆通行的情况下，才能进入主路行驶。

在有这种标志的路口要停车观察主路情况

在路口汇入车流前，遇到车辆比较密集时，要提前开启转向灯并降低车速，认真观察主路车流情况，汇入车流时不得妨碍主路正常行驶的车辆，更不得加速直接汇入车流。

遇到这种情况不得加速直接汇入车流

从辅路汇入主路车流前，要提前减速并观察主路内车辆通行情况，进入主路时注意选择安全汇入车流的空当进入主路。不得扰乱主路正常的通行秩序，更不得加速直接汇入主路车流。

在这种情况下从主路红色车后汇入车流

从主路进入辅路前，要提前减速慢行，注意观察辅路内车辆通行情况。进入辅路时注意避让不减速或停车让行的车辆，不能因有优先通行权而强行挤入辅路车流。

在这种情况下从主路进入辅路注意观察，减速慢行汇入车流

5. 安全跟车距离

安全跟车距离随着行驶速度变化而变化，驾驶汽车在道路上跟车行驶时，要注意观察前车动态，保持安全距离，随时做好减速准备。同时，也要谨慎制动，防止被后车追尾。多车跟车行驶时，为了避免发生追尾事故，应至少观察前方两三辆车，才能对减速或停车具有预见性。

雨天跟车行驶，遇能见度较低时，要减速保持安全距离。为了不干扰前车视线，有利于自己看清道路，可开启近光灯。

在这种大雨中跟车行驶要使用近光灯

雪天行车，由于路面湿滑，车轮附着力大大减小，跟车行驶要加大车辆之间的安全距离。只保持低速行驶，不保持安全距离，无法防止事故发生。

6. 安全超车

驾驶汽车超车时，要选择视线良好、道路宽直、路面无障碍物和对面无来车的路段超车。

在没有中心线的道路上超车时,要提前开启左转向灯,夜间交替使用(切换)远近光灯并鸣喇叭示意(非禁鸣区),提醒前方被超车辆,从前车左侧超越。完成超车后驶回车道,要开启右转向灯。

在这样的道路上只能从左侧超越

在有分道线的道路上,看到前车行驶缓慢、减速、停车时,要注意观察前车的情况,判断慢行、减速、停车的原因,在不影响道路通行的前提下,可借左侧车道超车。

在这种情况下可以借用左侧快速车道超车

在没有中心线的道路上超车时,遇前车不向右减速让行,对面又有来车的情况下,即使右侧有超车空间,也不能从右侧超车。

在这种情况下不能从前车右侧超越

在道路上会车前,预计在超车过程中与对面来车有会车可能时,要提前减速,与前车保持距离,跟车行驶,不得加速超车。

遇到这种情况主动减速放弃超车,保持距离,跟车行驶

在有中心虚线的道路上超车时,若对面没有来车,在不影响其他车辆通行的情况下,可以临时越中心虚线超车。在有中心实线的道路上,不得越实线超车。

在这种道路上超车不得借对向车道行驶

超车时,发现前车或非机动车正在超越停在路边的车辆时,要减速行驶,让前方车辆先超车,不得连续鸣喇叭催前车让路,更不得加速强行超越,预防路边车辆突然起步向左行驶。

超车遇到这种情况要减速让前方非机动车先行

在划设专用车道的路段,不得借专用车道超车。超越公交车时,要提前适当减速,保持安全距离,超越过程中注意观察动态变化,可鸣喇叭提示(非禁鸣区),预防公交车突然向左变道行驶。

超车遇到这种情况要减速保持安全距离,不得鸣喇叭

超车时,遇前方机动车没有让车条件或者不减速、不让道或超车过程中被超车突然加速时,要及时减速放弃超车,保持安全距离跟在前车后行驶,不要斗气,不得连续鸣喇叭加速超越。

在这种情况下要跟在前车后行驶

在有中心线的路段超车,发现前方机动车正在绕行施工路段时,要减速跟随前车行驶,依次通过施工路段,不得越过中心线超车。

在这种情况下不得越过中心实线超车

通过交叉路口、急转弯路段、下坡路段、涵洞、隧道、铁路道口或有禁止超车标志的路段，遇到机动车较少的情况时，也不得超车。

在这些情况下不得超车

7. 安全让超车

驾驶汽车从后视镜看到后车发出超车信号时，只要前方道路条件允许，就要减速、开启右转向灯示意，靠道路右侧让后车超越。

遇到这种情况要主动靠右减速让后车超越

遇到右侧有车辆超越，前方又有障碍物的情况时，要减速靠右行驶，跟在右侧车后绕过障碍物，不得抢在右侧车前绕过障碍物或借对向车道绕过障碍物。

超车过程中遇到这种情况要减速靠右行驶

遇到因没有及时给后车让行，后车越过中心线借对向车道超越后，迅速向右转向的情况时，要及时减速靠右侧行驶或停车，不得赌气加速反超或鸣喇叭、开前照灯抗议。

在这种情况下要减速或靠右停车

8. 安全会车

驾驶汽车在没有中心线的道路上会车时，要提前靠路右侧行驶，同时注意观察对面来车的动态。在路中间行驶、靠路左侧行驶、靠路中心行驶都是错误的。

在这种道路上会车最安全的做法是靠路右侧行驶

在道路上会车发现对面来车越过中心线时，最安全的做法是及时向右减速或停车避让，不得靠中心线行驶或向左侧避让。

在这种道路上会车最安全的做法是向路右侧避让

在道路上会车前，发现有车辆强行超越对面来车时，最安全的做法是向右侧减速或停车避让，不得持续鸣喇叭或开前照灯并提高车速迫使其驶回原车道。

遇到这种情况减速或停车让行最安全

在一侧有障碍物的路段会车时，无障碍物的一方有优先权，有障碍物的一方要让对向车辆先行。如果有障碍物一侧的车辆已经开始超越障碍物时，无障碍物的一方要主动礼让。

在这种情况下要提前减速让行或停车让对方先行

在这种情况下要提前减速或停车让对方先行

在狭窄路段会车时，要减速靠右并保持安全横向距离。在狭窄的坡路会车时，下坡车让上坡车先行，如遇下坡车不减速、不让行，不得持续鸣喇叭迫使其停车让行，要礼让下坡车先行。下坡车已行至中途而上坡车未上坡时，让下坡车先行。

在这样的狭窄路段会车要减速靠右并保持安全横向距离

在窄桥、隧道、涵洞等狭窄的地方会车，感觉与对面驶来的车辆会车有困难时，要及时减速靠边行驶或停车让行。

遇到这种情况要低速会车或停车让行

会车遇到前方有非机动车时，要减速靠右行驶，保持安全距离，注意避让非机动车，尽量与对面来车和非机动车错开，避免三车并列交会。

遇到这种情况要减速靠右行驶，保持安全距离，注意避让非机动车

在没有中心线的弯道上会车时，要充分减速，靠路右侧低速行驶，保持安全距离交会，不得在弯道靠路中心或占对向车道行驶。

在这种没有中心线的弯道上会车时要紧靠路右侧，降低车速行驶，保持安全距离

遇雨、雪、雾等视线不清气象条件或在较滑路面会车时，要降低车速行驶，加大会车横向距离，必要时停车避让。夜间会车时，如遇对方持续开启远光灯，要使用近光灯，低速会车或停车让行。

9. 安全掉头

驾驶汽车需要掉头时，要选择交通流量小、不妨碍车辆和行人正常通行并允许掉头的路段掉头。掉头前要停车观察，确认安全后，开启左转向灯，起步掉头。在有中心虚线的道路上，只要不影响正常交通就可以掉头。

在这种情况下只要不影响正常交通，可以在虚线处掉头

选择前方路口掉头，要提前开启左转向灯进入掉头导向车道，在路口虚线处缓慢完成掉头。掉头不得妨碍行人和其他车辆正常通行。

在路口虚线处掉头

严禁在人行横道、铁路道口、窄路、弯道、桥梁、隧道、涵洞和有禁止掉头、禁止左转标志、标线、信号灯的路口掉头。

在这种情况下禁止掉头

10. 安全倒车

驾驶汽车倒车前，要仔细观察车辆周围的情况，确认后方没有影响倒车的安全隐患。倒车时，要随时注意观察后方情况，缓慢倒车。倒车过程中，即使后方道路条件较好，也不能加速倒车。

发生该事故的主要原因是驾驶人倒车前没有进行安全确认

在道路上借允许倒车的路口进行倒车时,要避开交通繁忙的时段。倒车过程中,遇到后方有来往车辆行驶的情况时,要主动停车避让。

倒车遇到这种情况时应主动停车避让,保证安全

这辆小汽车驾驶人错在未观察左后方情况

12. 路口安全驾驶

驾驶汽车通过有交通信号灯的交叉路口前,注意观察信号灯的变化,做到红灯停、绿灯行、黄灯亮时不抢行。路口通行时直行车辆有优先权,转弯车辆要让直行车辆先行。

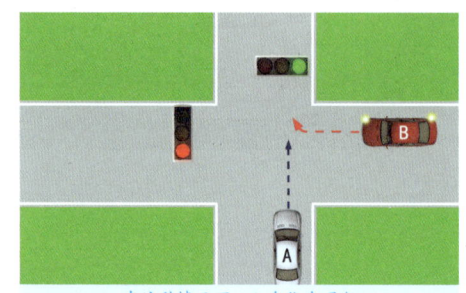

在这种情况下,A车优先通行

11. 安全停车

驾驶汽车在道路上临时停车要选择道路施划的停车位内、停车场或者路面平坦坚实、无禁止停车标志、不妨碍交通的路段和地点。停车要按顺行方向停放,车身不得超出停车位,停车后要关闭电路,锁好车门。

红色汽车在此地点停车等候是违法行为

直行通过前方路口时,在接近路口时应减速慢行,遇到对面车辆抢行左转时,要及时减速或停车让行,不得鸣喇叭或开前照灯示意其让行,也不得加速从对面车前通过。

在路口直行遇到这种情况要减速或停车让行

路边临时停车时要靠道路右侧,尽量避开坡道、积水、结冰或松软路面,不得妨碍其他机动车和行人通行,不得随意停车。人行横道、交叉路口50米以内、铁路道口、隧道内、立交桥上、山区容易塌方地段和泥石流路段都不能停车。

在这个区域内不得临时停车

在有交通信号控制的交叉路口左转弯时,要提前减速,按照标志和导向箭头指示,在导向车道虚线区内选择左转弯车道,进入实线区后不得变道行驶。

在这个路口左转弯时要提前按导向箭头指示向左变更车道

在雨天临时停车时,要开启危险警告灯。夜间或雾、雪天临时停车时,应开启危险警告灯、示廓灯和后位灯。
驾乘人下车前要观察后视镜并侧头仔细观察左或右后侧情况,确认安全后,再缓开车门。开车门的幅度不要过大,开车门的动作要缓慢,开关车门不得妨碍其他车辆和行人通行。

在有左转弯待转区的路口左转时，要开启左转向灯，提前在虚线区进入左转弯导向车道。在直行车道绿灯或绿色箭头灯亮时进入待转区，左转弯信号灯亮后向左转弯通过路口。

在这个路口左转弯时要先进入左转弯待转区

在没有交通信号灯控制的路口左转弯时，要开启左转向灯，降低车速，靠路口中心点左侧转弯。转弯过程中，注意观察其他路口情况，随时准备预防突发情况。

在这个路口左转弯时要靠路口中心点左侧转弯

在没有箭头信号灯路口右转弯时，要开启右转向灯，提前在虚线区进入右转弯导向车道。进入路口遇路口红灯亮时，在不影响前方车辆和行人通行的情况下，可以沿右侧道路右转弯。

在这个路口可沿右侧道路右转弯

在有箭头信号灯的路口右转弯时，要开启右转向灯，在右转弯车道绿色箭头灯亮时，直接向右转弯。红色箭头信号灯亮时，不得向右转弯。

在这个路口不能直接向右转弯

在没有交通信号灯控制的路口右转弯时，要开启右转向灯，降低车速，靠路口右侧右转弯。转弯过程中，一定要减速或停车礼让横过道路的行人和非机动车。

在这个路口右转弯时要避让非机动车

通过没有信号灯、标志标线且两侧有建筑物阻挡视线的交叉路口，要提前减速慢行，进入路口时谨慎驾驶，随时准备预防前方左右两侧可能出现的行人及车辆。

在这个路口提前减速慢行，注意前方可能出现的行人及车辆

通过交叉路口时，要随时准备避让非机动车。遇到行人和非机动车横过路口时，要及时减速或停车让行，不得与行人和非机动车抢行。在交叉路口违法抢行容易引发交通事故。

在路口遇到这种行人时要及时减速停车让行

通过交叉路口遇到黄色信号灯持续闪烁时（路口信号因故解除），要在确保安全的前提下，低速通过路口。遇到行人或非机动车抢行时，要及时减速或停车让行。

此时不得加速通过路口

在黄灯闪烁的交叉路口，要注意观察路口内的通行情况，降低车速确认安全后通过。遇到其他机动车抢行进入路口时，即使有优先通行权，也要做好随时停车让行的准备。

遇到这样的路口要降低车速，确认安全后通过

驶近前方主路（主干道）和辅路（支干道）交汇处的路口时，要提前减速行驶，注意观察交汇处的车辆，谨慎驾驶通过，预防辅路车辆抢行进入主路。遇辅路车辆有抢行意图时，及时减速避让，不得加速或鸣喇叭抢行通过。

驶近主辅路交汇路口要提前减速行驶，观察交汇处车辆，谨慎驾驶

通过环岛路口时，要提前减速，注意观察环岛内车辆通行情况，在不影响车辆正常通行的前提下，进入环岛路口。进入环岛路口时，不用开启转向灯。

进入环岛路口不用开启转向灯

驶出环岛路口时，在不影响其他车辆正常行驶的前提下，缓慢向右变更到最右侧车道。接近出口时，开启右转向灯，缓慢驶出环岛。因车辆拥堵或疏忽错过出口时，要沿环岛继续绕行一圈到出口；严禁停车或倒车。

驶出这个环岛路口要开启右转向灯

13．安全通过铁路道口

通过铁路道口时，要提前减速，服从交通信号和管理人员的指挥。通过铁路道口发现横杆开始下落时，要及时在停止线以外停车，不得加速抢行。

不能通过这种情况的铁路道口

通过无人看管的铁路道口时，要提前减速停车观察有无列车通过，做到"一停、二看、三通过"。确认安全后，缓慢通过铁路道口，在道口内不得换档或空档滑行通过。

通过这个铁路道口要做到"一停、二看、三通过"

跟随多车通过铁路道口时，注意观察道口对面的交通情况，发现道口对面道路拥堵，没有足够的停车空间时，要及时停在停止线前，不得盲目通过，以防在道口内停车，引发碰撞事故。

在这种情况不得进入道口

14．安全通过学校

驾驶汽车看到路边有注意儿童标志时，表示前方接近学校区域，要提前减速注意观察。路边车辆停放较多时，一般是上学或放学时段，要做好预防儿童突然横过道路或路边停止的车辆突然开启外侧车门的准备。

行车看到路边有这种标志时要提前减速注意观察

在小学生上学或放学时段通过学校门口时，要减速慢行，注意观察交通标志，不要鸣喇叭。遇到儿童列队横过道路时，要及时停车让行，不得存有侥幸心理，从列队前方绕过或从列队空隙穿过。

通过人行横道前，遇到行人正在人行道上行走时，要停车等待行人通过，不得加速从行人前或后绕行通过。

在这种情况下要停车等待行人通过

通过人行横道看到右侧停有车辆时，一定要停车观察，不能盲目通过，以防停止的车辆遮挡的盲区里有行人和非机动车正在通过人行横道。

造成这起事故的主要原因是小汽车没按规定避让行人

在学校门口遇到这种情况要及时停车让行

通过小学门口时，一定要注意道路两侧的人群，一旦发现一侧有人向路对面招手，要及时减速或停车，避免一侧小学生突然横穿道路扑向对面家长。

在学校附近遇到这种情况要立即停车

15．安全通过人行横道

驾驶汽车通过人行横道前，要提前减速，注意观察人行横道两侧的行人和非机动车动态，礼让人行横道上的行人和非机动车。接近人行横道线时，要随时准备停车，提防两侧有行人和非机动车横过人行横道，不得抢先加速通过。

超越停在人行横道线前的车辆时，一定要先停车观察，可适当鸣喇叭（非禁鸣区），确认安全后再缓慢起步，并随时做好停车准备。一旦发现有行人或非机动从停止的车辆前过人行横道时，应立即停车让行。

接近人行横道线时，提前减速观察，随时准备停车避让

遇到这种情况要停车让行

16．安全通过居民小区

驾驶汽车通过居民小区时，要遵守限速标志的规定，按照限速低速行驶。在小区内行车，要随时注意道路两侧的情况，做好停车避让居民的准备。

通过人行横道前，没有发现有行人通过时，也要减速观察。通过人行横道时，要重点注意缓慢通过的行人、突然横穿的儿童、急速通过的非机动车和准备横过的行人。

遇到这种情况的人行横道时也要减速通过

进入该居民小区，车速不能超过5公里/时

在居民小区内行车时，为了预防突发情况的出现，进入小区前要降低车速，注意观察，随时准备停车。遇到居民或行人占道行驶时，不得与居民或行人抢行，保持安全行驶距离，等待居民或行人让行。

进入该居民小区要降低车速，注意观察，随时准备停车，不得与行人抢行

借用居民小区通行时，重点要注意避让儿童，遇到皮球从一侧楼房或停放的车辆之间滚出时，一定会有儿童从后面跟来，遇到这种情况时，要及时停车等待儿童的出现，不得存侥幸心理通过。

遇到这种情况要立即停车

在居民小区内行车，遇到行人或非机动车突然从一侧巷子或停放的车辆后横穿时，要迅速采取减速或停车让行措施，不能认为成年人看到机动车就会停止横穿，更不能加速抢行。

遇到这种情况要减速或停车让行

遇到这种情况要减速或停车让行

17．弯道安全驾驶

驾驶汽车进入弯道前，要充分减速并靠右侧行驶。在道路急转弯处，不能占用对方车道，注意对面来车，鸣喇叭示意（非禁鸣区）。通过连续弯道时，应尽量靠弯道右侧行驶。

在这种条件的弯道处减速靠右侧行驶最安全

转弯遇到对面有来车时，要减速靠右侧行驶，尽量保持较大的会车间距，确保会车安全。行驶至弯道前不减速、转弯占对向车道行驶、急转转向盘，是易引发事故的驾驶行为。

遇到这种情况时应减速靠右侧行驶

弯道转弯过程中，要注意避让车辆和行人。遇前方机动车行驶缓慢或有非机动车占道时，要减速跟随行驶，不得占对向车道超车。

遇到这种情况时不得借对向车道超车

通过山区较窄的弯路时，要尽量沿道路右侧行驶，挂低速档减速通过，上陡坡路段尽量避免中途换档或停车。

通过这种较窄的弯路时应沿道路右侧行驶，挂低速档通过

18．高速公路安全驾驶

驾驶汽车驶入高速公路加速车道后，要迅速将车速提高到 60 公里 / 时以上。注意观察行车道内车辆通行情况，从正常行驶车辆后驶入行车道或汇入行车道车流。不得在加速车道停车或提后直接加速驶入行车道。

第四部分　安全文明驾驶常识

遇到这种情况不能从前车左侧超越

　　驶出高速公路时，距出口 500 米开启右转向灯，驶入高速公路减速车道，注意观察限速标志，进入匝道之前将车速降到标志规定车速以下。

　　进入高速公路行车道后，严格遵守"分道行驶、各行其道"的原则和高速公路速度规定，根据车型和行驶速度正确选择对应的行车道行驶，不准占用应急车道行驶。

　　驶入匝道后，按标志限定时速行驶，不得在匝道内超车、停车、倒车和掉头

车速低于 80 公里/时的车辆不应在该车道行驶，要在最右侧行车道行驶

遇到这种情况进入匝道时将车速降到 40 公里/时以下

二、文明行车常识

（一）保护其他交通参与者

1. 保护行人

　　在有信号灯的人行横道前，注意观察信号灯的变化。绿灯亮通过时也要注意两侧行人的动态，发现有行人横过道路时，要减速或停车礼让行人。

　　在有人行横道的路段遇到有儿童或学生列队通过人行横道时，要及时停车让行，等儿童或学生通过后，再起步通过。

在这种情况下，等行人通过后再起步

遇到这样的情况要停车让行

　　在有人行横道的路口，遇到两侧有行人通过时，要停车等待行人通过。不得在远处鸣喇叭催促，不得从行人间低速穿过或加速从行人前绕行。

　　在人行横道前遇到注意力不集中或者匆忙通过人行横道的行人时，要及时减速或停车让行，不得鸣喇叭加速通过或加速绕行。

在路口遇到这种情况，要停车等待行人通过

在这种情况下不得鸣喇叭加速通过

91

行车中遇到行动不便的行人或用轮椅代步的行人横过人行横道时，要主动停车礼让，不得持续鸣喇叭或从前后绕行。

遇到这样的行人时要主动停车礼让

行车中看到在机动车道行走的行人时，要降低车速，注意观察动态，可断续鸣喇叭（非禁鸣区）进行提示，确认行人发现有车辆从后面驶来或靠右边行走让行时，再从左侧超越。

遇到这种行人应该注意观察动态

行车中发现有行人在路口处突然横穿道路时，要迅速减速或停车让行，不得持续鸣喇叭或从行人前后绕行，以免发生危险。

突然遇到这种情况要减速或停车让行

行车中遇到缓慢横过道路的老人时，要及时减速或停车让行，预防老人看到来车不知所措或在路中徘徊不定躲避不当引发事故。不得持续鸣喇叭或从其前后绕行。

突然遇到这种情况要减速或停车让行

行车中看到行动不便的老人在路边缓慢行走时，不可连续鸣喇叭催其让道，要减速慢行，注意观察老人的动态，预防老人因听力不好而随意行走，做好随时停车礼让的准备。

遇到这种情况的行人不可连续鸣喇叭催其让道

行车中看到有大人和孩子在路两边时，要注意观察动态，如果发现大人有招手动作，要预防另一侧的孩子突然横穿道路，同时也要预防大人为保护孩子突然跑向对面。

遇到这种情况时应该预防行人横穿

行车中看到在路边挑担子的行人时，要提前减速，可断续鸣喇叭（非禁鸣区），保持较大的安全距离超越，预防挑担人突然换肩或将担子横出发生危险。

行车中遇到这种行人需要保持较大的安全距离

行车中遇到行人翻越中间护栏时，要迅速减速或及时停车，可断续鸣喇叭（非禁鸣区）提示，预防行人翻过护栏后突然横穿道路。

行车中出现这种情况时一定要礼让

行车中通过路边有行人的积水路面时，一定要低速缓慢行驶，不得加速通过或连续鸣喇叭快速通过，以免溅起的泥水弄脏行人的衣物。

遇到这种情况要低速缓慢通过

雨天行车中，遇到撑雨伞和穿雨衣的行人在路边行走时，要提前减速，轻按喇叭（非禁鸣区）提醒，临近时保持安全距离，注意观察行人动态，做好停车避让准备。

雨天遇到这样的行人要适当降低车速，轻按喇叭提醒，保持安全距离，注意观察动态

2. 保护儿童

行车中看到在路上玩耍的儿童时，要提前减速，断续鸣喇叭（非禁鸣区）提示，注意观察儿童的动态，做好停车让行的准备，不得绕行通过。

遇到这种情况时，不得向左绕过

行车中看到在路上玩滑板的儿童时，要及时减速慢行，不得紧跟行驶或加速绕行，要随时注意观察儿童的动态，预防儿童突然摔倒或滑板失控，做好随时停车避让的准备。

看到这样的儿童时要减速或停车避让

行车中遇到儿童相互追逐突然横过道路时，要及时减速或停车避让，不得连续鸣喇叭或从儿童前后绕行。

突然出现这种情况时，要及时减速或停车避让

借居民小区道路通行，看到在路边玩耍的儿童时，要注意观察儿童的动态，减速慢行，随时准备停车避让儿童。

遇到这样的情况时要减速慢行

3. 保护骑车人

行车中遇到在右侧同向行驶的非机动车占道影响通行时，要适当减速慢行，注意观察动态，保持安全间距，不得鸣喇叭加速超越。

遇到这种非机动车时，要注意观察动态，适当减速慢行，保持安全间距

行车中遇到成群的青少年骑自行车占道行驶或绕过路边停放的机动车时，要提前鸣喇叭（非禁鸣区）提示，保持安全距离超越或主动减速让行。

在这种情况下正确的做法是保持安全距离超越

路口转弯前要注意旁边行驶的自行车。看到路口有非机动车准备横过人行横道时，要主动减速让行，不得连续鸣喇叭加速从前方绕行。在路口违法抢行容易引发交通事故。

遇到这种情况要主动减速让行

行车中通过路边两侧有非机动车通行的积水路面时，一定要低速缓慢行驶，不得加速或连续鸣喇叭通过，以免溅起的泥水弄脏骑车人的衣物或造成骑车人摔倒引发事故。

在这种情况下要减速慢行，不得加速通过

驾驶机动车遇到这种情况，要保持较大跟车距离

（二）与其他车辆共用道路

1. 遇紧急车辆的处置

　　行车中遇到执行任务的警车、消防车、救护车及运送学生的校车时，要及时向右减速让行，直到特种车辆通过。发现特种车辆从右侧超越时，要及时减速向左侧让行，不得加速不让或靠右侧减速让行。

2. 礼让公交车与校车

　　驾驶汽车通过公交车站时，要提前减速行驶，注意观察车站内候车人群的动态，除公交车外，其他车辆不得在公交车站停车上下客人或装卸货物。

驾驶机动车遇到这种特殊情况，要靠左侧减速让行

在这种情况下不得占用公交车站临时停车

　　行车中遇到执行任务的消防车或抢救伤员的救护车从本车道逆向驶来时，要迅速靠右侧减速让行，不得因有优先权而不让行。

　　通过停有公交车的车站时，要提前减速、鸣喇叭提示（非禁鸣区），临近停在车站的公交车时，与公交车保持横向安全距离，注意公交车的转向灯和动态，做好随时停车的准备，预防公交车突然起步。

驾驶机动车遇到这种情况要迅速靠右侧减速让行

在这种公交车站要减速，缓慢超越，预防公交车突然起步

　　行车中遇到在道路上频繁变更车道、曲线或左右摆动行驶的车辆时，要考虑该车可能出现机械故障，或者驾驶人可能是酒后、吸毒、在不良心态情况下驾驶，此时应注意保持较大的跟车距离，不得加速超越或绕行。

　　在公交车站超越停在站内的公交车时，要低速行驶，适度鸣喇叭（非禁鸣区），随时做好停车准备，预防有行人从公交车前穿出横过道路。

驾驶机动车遇到这种情况要保持较大跟车距离

在这种情况下注意预防行人从车前穿出

　　行车中遇到前方货车不按规定装载，装载砂石、煤炭、建筑垃圾等散碎货物的苫布覆盖不严或苫布脱落时，要注意保持较大的跟车距离，以防散落的货物砸伤车身。

　　在公交车站与停在对面的公交车交会时，要减速注意观察对面公交车后方的情况，发现有人从车后横过道路时，要及时减速或停车让行，不得鸣喇叭加速通过。

在这种情况下要避让左侧从公交车后横穿的行人

　　通过公交车站,遇到停着的公交车附近行人较多时,要低速慢行,仔细观察人群的动态,重点注意有横过道路倾向的行人,做好随时停车避让的准备。一旦发现有人横过道路,要及时停车让行,不得绕行通过。

在公交车站遇到这种情况不得迅速向左变更车道绕行

　　在公交车站超越公交车,遇到有非机动车或行人紧贴公交车通过时,要及时采取减速或停车避让措施,注意观察行人或非机动车的动态,以防非机动车摔倒或行人向左占道行走。

遇到这种情况要减速避让自行车

　　行车中遇到校车在道路右侧停车上下学生,同向只有一条机动车道时,后方机动车应当停车等待;同向有两条机动车道时,左侧车道后方机动车应当停车等待;同向有三条机动车道时,中间车道后方机动车应当停车等待,左侧车道后方机动车可以减速通过。

遇到这种情况时,立即停车等待,直至该车离开

3. 驾驶机动车的其他礼让行为

　　(1)遇拥堵时的礼让
　　行车中遇到前方道路拥堵车辆行驶缓慢时,要保持良好的心态,耐心依次跟车行驶,不得从两侧穿插超车,尽量不要在路边停车等待。

遇到这种前方拥堵的路段通行缓慢时,要依次跟车行驶

　　进入交叉路口前,看到因路口对面拥堵造成车辆停车等待时,要主动让出路口,在路口停止线外停车等待,不得直接进入路口内等待,也不能从右侧非机动车道或借对向车道通过。

在交叉路口遇到这种情况时,要在路口停止线外等待

　　在接近交叉路口缓慢行驶,遇到右侧有车辆强行加塞后迅速向右转向时,要控制好情绪,文明的做法是主动减速或停车礼让通行,不得加速逼其回原车道或鸣喇叭、开前照灯抗议。

在交叉路口遇到这种情况时,要礼让通行

　　通过没有交通信号控制的路口,看到路口内车辆通行混乱时,要注意观察路口车辆的通行情况,保持低速行驶,进入路口后随时准备停车礼让,不得跟前车进入路口等待。

在路口遇到这种情况时,要随时准备停车礼让

　　在有中心虚线的道路上跟车行驶,遇到前方有车辆突然停车时,要减速停车,依次排队等候,待对面没有车辆通行后,借对向车道超越前车,不得鸣喇叭催促或从机动车空当穿插通过。

遇到这种情况时，要减速停车，依次排队等候

表4-4　夜间不同行驶条件下灯光的文明使用

不同行驶条件	使用的灯光
车速<30公里/时	近光灯
照明条件差的道路、车速>30公里/时	远光灯
与同向前车及对向来车不足150米时	近光灯
在风、雨、雪、雾等低能见度条件下	近光灯或雾灯
通过无交通信号控制的交叉路口、驶近坡顶时	交替使用远、近光灯
照明条件良好的道路	近光灯

（2）遇牲畜的避让

行车中看到路边有牲畜时，要减速缓慢行驶，注意观察牲畜的动态，做好停车避让的准备，不能鸣喇叭，避免牲畜因惊吓窜入行车道。

2. 文明使用喇叭

驾驶车辆通过学校区域、居民小区、城市街道、商业中心等人群聚集的地方，即便是非禁鸣区域，也要避免使用喇叭。遇聋哑人、行动不便的行人、路边玩耍的儿童，都不能使用喇叭提示。在禁鸣喇叭或非禁鸣的路段，遇行人没有及时让路时，应减速或停车等待，不得鸣喇叭催促。夜间行车时不得使用喇叭提示其他车辆或行人，遇到行人或车辆不及时让行时，要理性地控制自己的情绪，不得鸣喇叭发泄，做到文明使用喇叭。驾驶机动车驶近急弯、坡道顶端等影响安全视距的路段以及超车或者遇有紧急情况时，减速慢行，断续鸣喇叭示意，不得持续长时间鸣喇叭。

遇到这种情况时，正确的做法是减速、缓慢通过

行车中遇牲畜或野生动物通过道路或占道影响通行时，要及时减速或停车等待，注意观察牲畜或动物的动向，不可采取连续鸣喇叭的方式进行驱赶，待牲畜或动物让路后，缓慢通过。

（四）常见不文明行为

1）不开转向指示灯随意频繁变更车道。
2）在车辆拥挤的路段加塞。
3）长时间靠近中心线或骑轧虚线行驶。
4）通过人行横道时不减速、连续鸣喇叭、不礼让行人。
5）路口右转弯不礼让行人。
6）遇交叉路口拥堵时，挤入路口内等候。
7）遇后车发出超车信号时不主动让超。
8）遇执行任务的特殊车辆时不主动让路。
9）低速占用快速车道行驶。
10）遇其他车辆或行人抢行、强行时，斗气、不礼让。
11）长时间鸣喇叭催促他人或作为发泄的方式。
12）白天会车时开前照灯抢行。
13）夜间会车时不关闭远光灯。
14）夜间近距离跟车行驶时使用远光灯。
15）超车后不给被超车留安全间距，迅速向右转向。
16）停车时不给周围车辆留出足够的驶出空间。
17）穿拖鞋、高跟鞋、松糕鞋或赤脚驾驶车辆。
18）一边驾驶车辆，一边吸烟。
19）驾车时随地吐痰或口香糖。
20）驾驶过程中向车外抛撒物品或垃圾。

在这样的路段要注意观察，随时避让横过道路的动物

行车中遇牲畜或野生动物横穿抢道或突然横穿道路时，要及时停车，与动物保持较远的距离，等待动物穿过，不可鸣喇叭或下车驱赶动物。

（三）文明使用灯光及喇叭

1. 文明使用灯光

夜间行驶时灯光有照明和信号双重作用，应根据行驶中的实际情况正确使用。傍晚黄昏时应提前开启前照灯；夜间起步前要开启近光灯，仔细观察车辆周边及道路情况，确认安全后再起步；停车时待车停稳后再关闭灯光。夜间不同行驶条件下灯光的文明使用如表4-4所示。

三、道路交通信号综合应用

（一）路口交通信号综合应用

1. 交通信号灯

驾驶汽车通过交叉路口要严格遵守交通信号，注意观察交通标志标线，服从交通信号灯和交通警察的指挥。遇到绿灯亮时，适当减速预防意外情况，在确保安全的前提下通过路口。

在这种信号灯亮的路口要控制车速通过

在交叉路口直行遇到红灯亮时，要在停止线以外停车等待绿灯放行，右转弯车辆在不影响放行车辆和行人通行的情况下，沿路右侧转弯通行。

在这种信号灯亮的路口，可以右转弯

在交叉路口遇到黄灯亮时，要在停止线以外停车等待放行信号，已经越过停止线的车辆可以继续通行，不得在黄灯亮时抢行通过停止线进入路口。

在路口看到这种信号灯亮时不得加速通过

通过有方向信号灯的路口时，要注意观察箭头信号灯的颜色，绿色箭头灯亮指的方向允许通行，红色箭头灯亮指的方向禁止通行。

这个路口允许车辆直行或向右转弯，不准左转弯

在设有掉头信号灯的交叉路口，要注意信号灯的变化：红色掉头信号灯亮时，禁止车辆直接掉头；绿色掉头信号灯亮时，允许车辆掉头。

这个路口现在禁止直接掉头

遇到黄色警示信号灯不断闪烁时，说明前方路段有小路口、人行横道或村庄路口等，经常有行人、非机动车横过道路，应及时减速慢行，注意瞭望道路两侧情况，确认安全后才能通过。

遇到这种信号灯不断闪烁时，注意瞭望，安全通过

2. 交通标志

驾驶汽车看到环形交叉路口警告标志时，警示前方道路有环形交叉路口，要提前减速行驶，注意选择行驶车道，安全有序地进入环形路口通行。

右侧标志警示前方是环行交叉路口

在交叉路口前看到停车让行禁令标志时，表示前方主路交通流量较大，必须在停止线以外停车瞭望，确认安全后，方准通行。

右侧标志表示前方路口要停车让行

在交叉路口前看到减速让行禁令标志时，警告前方路口必须减速慢行，观察干道内车辆通行情况，在确保干道车辆优先通行的前提下，方可进入路口。必要时可停车等待，让干道车辆先行。

右侧标志表示前方路口必须减速让其他车辆先行

前方标志表示除 BRT 车辆以外的其他车辆不准进入右侧车道行驶

在路口前看到向左转弯指示标志时，表示前方道路是向左行驶的单行线，一切车辆在路口只准左转弯通行。

右侧标志表示前方路口车辆只能向左转弯

行车中在道路的起点及交叉路口看到允许掉头指示标志时，表示前方道路或路口处允许机动车掉头。辅助标志有时间、车种等特殊规定时，要遵守辅助标志的指示通行。

左侧标志表示此处允许机动车掉头

在路口前看到右转直行指示标志时，表示前方道路允许车辆向右转弯或直行。

右侧标志表示车辆可向右转弯或直行

行车中看到预告通往方向的信息指引标志时，预告前方路口通往方向的信息。可根据标志提供通往方向的信息以及距前方路口的距离，选择行驶路线或方向。

右侧标志预告交叉路口通往方向的信息

在交叉路口前看到路口优先通行指示标志时，表示前方交叉路口次要道路路口设有停车让行或减速让行标志，主干道车辆优先通行。

右侧标志表示干路车辆优先通行

通过交叉路口前要注意观察交叉路口预告标志，根据标志预告的前方交叉路口形式、交叉公路编号或交叉道路的名称、通往方向信息、地理方向信息以及距前方交叉路口的距离，选择行驶路线或方向。

右侧标志预告交叉路口形式、交叉公路编号等信息

行车中在车道的起点及交叉路口看到快速公交系统（BRT）专用车道指示标志时，表示前方车道专供 BRT 车辆行驶，其他车辆不得进入行驶。辅助标志有时间规定时，规定时间以外不受此限制。

行车中看到十字交叉路口告知指引标志时，告知各个路口出口方向交叉公路编号或交叉道路的名称、通往方向信息。可根据标志提供的信息，选择行驶路线或车道。

右侧标志告知十字路口通往方向的信息

　　行车中看到环形交叉路口告知指引标志时，告知环形路口各个路口出口方向交叉公路编号或交叉道路的名称、通往方向信息。可根据标志提供的信息，选择行驶路线或车道。

右侧标志告知各个路口出口方向的信息

3. 交通标线

　　在交叉路口左转弯，看到路口内有白色虚线和文字组成的左弯待转区时，不能直接进入待转区等待放行信号，要在绿灯（或直行箭头信号灯）亮后，再进入左转弯待转区等待左转弯放行信号。

路口内白色虚线指示左转弯时在直行灯亮后才能进入

　　在交叉路口左转弯，看到路口内有白色左转导向虚线时，要按照白色虚线连接的同向车行道分界线内侧向左转弯。

路口内白色虚线连接同向车道分界线辅助转弯行驶

　　在交叉路口左转弯，看到路口内有黄色左转导向虚线时，要按照黄色虚线连接的同向车行道分界线外侧向左转弯。

路口内黄色虚线连接对向车道分界线辅助转弯行驶

　　在通过交叉路口前，路面白色实线指示按导向方向行驶的导向车道位置，转弯时要从白色虚线区向左或向右变更车道，进入实线路段不得跨线变更车道。

路面白色实线指示按导向方向行驶的导向车道的位置

　　在通过交叉路口前，路面白色锯齿线指示按可变导向方向行驶的导向车道位置，通过交叉路口可直接进入可变导向车道，按照箭头信号灯的指示转弯或直行。

路面可变车道导向线指示可以随意选择通行方向

　　在路口或道路上看到白色斑马线时，表示该斑马线是人行横道线。行人在人行横道线有优先通行权，机动车要礼让行人或非机动车先行。

路口内人行横道线警示行人优先横过道路

　　行车中看到路面白色左转弯箭头标线时，表示该车行道行驶方向是向左转弯，进入这条车行道只能按照箭头指引的方向向左转弯行驶。

图中车道路面导向箭头指示前方道路仅可左转弯

　　行车中看到路面白色直行或右转弯箭头标线时，表示该车行道行驶方向是直行或向右转弯，进入这条车行道只能按照箭头指引的方向在路口直行或向右转弯行驶。

图中车道路面导向箭头指示在前方路口可直行或右转

图中车道路面导向箭头指示前方道路仅可左转或右转

在交叉路口前看到路面白色掉头箭头标线时,表示该车行道只能掉头行驶,进入这条车行道行驶要按照箭头指引的方向在路口掉头行驶。

图中车道路面导向箭头指示前方路口仅可掉头

交叉路口前白色双实线和"停"字式样的标记表示停车让行,所有车辆都要在停车让行线前停车观察,让干道车辆先行。

前方路口停车让行线表示停车让干道车辆先行

在交叉路口前看到路面白色掉头或左转弯箭头标线时,表示该车行道允许掉头和向左转弯行驶,进入这条车行道行驶只能按照箭头指引的方向在路口掉头或左转弯。

图中车道路面导向箭头指示前方路口可左转弯或掉头

交叉路口前白色双虚线和倒三角标记表示减速让行,所有车辆都要在减速让行线前减速观察,让干道车辆先行。

前方路口减速让行线表示要减速让干道车先行

在交叉路口前看到路面白色直行或掉头箭头标线时,表示该车行道允许直行和掉头行驶,进入这条车行道行驶只能按照箭头指引的方向在路口直行或掉头。

图中车道路面导向箭头指示前方路口可直行或掉头

交叉路口由白色斜线或折线填充的区域是十字交叉口导流线,所有车辆都要按照导流线引导通过路口,不得轧线或越线行驶,不得在导流线区域内停放车辆。

路口两侧导流线表示直行或右转弯时不得轧线或越线行驶

在交叉路口前看到路面白色左右转弯箭头标线时,表示该车行道允许向左或向右转弯行驶,进入这条车行道行驶只能按照箭头指引的方向在路口左转或右转。

交叉路口中心有白色斜线填充的圆形区域是十字交叉口中心圈,在路口直行或转弯都要沿中心圈行驶,不得轧中心圈行驶。

路口内中心圈表示左小转弯要沿内侧行驶

交叉路口中心有黄色网状线框组成的区域是十字交叉口网状线，禁止以任何原因和理由在网状线区域内停车。

路面网状线表示不允许进入该区域内等待

在进入交叉路口前，看到路面上标有禁止掉头（黄色）箭头标记，表示在这条车道前方路口禁止掉头，准备掉头的车辆要提前变道行驶。

路面标记表示前方路口禁止车辆掉头

在进入交叉路口前，看到路面上标有禁止右转弯（黄色）箭头标记，表示在这条车道前方路口禁止向右转弯，准备向右转弯的车辆要提前变道行驶。

路面标记表示前方路口不允许车辆向右转弯

4. 交通警察手势信号

在交叉路口看到交通警察左臂向前上方直伸，掌心向前，表示发出停止信号，要在路口停止线以外停车等待。

交通警察发出的是停止手势信号

交通警察左臂向左平伸，掌心向前；右臂向右平伸，掌心向前，向左摆动，表示直行信号，准许右方直行的车辆通行。

交通警察发出的是直行手势信号

在交叉路口看到交通警察发出直行信号时，可直行通过路口，转弯车辆要停在路口停止线以外等候。

看到交通警察这种姿势时可以直行通过

在交叉路口看到交通警察右臂向前平伸，掌心向前；左臂与手掌平直向右前方摆动，掌心向右，表示左转弯信号；允许在路口向左转弯，在不妨碍被放行车辆通行的情况下可以掉头。

看到这种手势信号时在路口可以向左转弯

通过交叉路口看到交通警察给右侧道路车辆发出左转弯信号时，要在路口停止线前停车等待交通警察发出通行手势。

看到这种手势信号时，要在停止线前停车等待

通过交叉路口看到交通警察给左侧道路车辆发出左转弯信号时，要在路口停止线前停车等待交通警察发出通行手势。

交通警察发出这种手势信号时不能直行通过

在交叉路口看到交通警察左臂向左下方平伸，掌心向下；左臂与手掌平直向下方摆动，表示左转弯待转信号；在路口左转弯时，可进入路口，沿左转弯行驶方向靠近路口中心，等候左转弯信号。

交通警察发出的是左转弯待转手势信号

通过交叉路口看到交通警察给右侧道路车辆发出左转弯待转信号时，要在路口停止线前停车等待交通警察发出通行手势。

交通警察发出这种手势信号不能左转弯

在交叉路口看到交通警察左臂向前平伸，掌心向前；右臂与手掌平直向左前方摆动，手掌向左，表示右转弯信号，可向右转弯行驶。

交通警察发出这种手势信号时允许在路口向右转弯

在交叉路口看到交通警察右臂向前平伸，掌心向左；右臂向左水平摆动，表示变道信号。要及时腾空指定的车道，减速慢行。

交通警察发出这种手势信号时表示腾空指定的车道

在交叉路口看到交通警察右臂向右前方平伸，掌心向下；右臂与手掌平直向下方摆动，表示减速慢行信号，要及时减速慢行。

交通警察发出这种手势信号时要减速慢行

在交叉路口看到交通警察左臂向前上方平伸，掌心向前；右臂向前下方平伸，掌心向左；右臂向左水平摆动，表示示意车辆靠边停车信号，要及时靠边停车。

交通警察发出这种手势信号时要及时靠边停车

交通警察在夜间没有路灯、照明不良或者在雨、雪、雾、沙尘、冰雹等低能见度天气条件下执勤时，可以用右手持指挥棒，按照上述手势信号指挥。

（二）路段交通信号综合应用

1. 交通信号灯

在有车道信号灯的路段通行时，要严格遵守交通信号灯的指示，选择绿色箭头灯亮的车道通行，禁止驶入红色叉形灯亮的车道。

遇到这种情况禁止车辆在两侧车道通行

2. 交通标志

行车中看到注意信号灯警告标志时，警告前方路段设有信号灯，要减速慢行，注意观察信号灯的变化，按照信号灯的指示通行。

右侧标志警告前方路段设有信号灯

行车中看到注意行人警告标志时,警告前方是行人密集或不易发现行人的人行横道,要减速慢行,注意避让行人。

右侧标志警告前方路段要注意行人

行车中看到注意儿童警告标志时,警告前方有学校、幼儿园、少年宫等儿童经常出入的地方,要及时减速慢行,注意观察,做好随时停车避让儿童的准备。

右侧标志警告前方路段要注意儿童

行车中看到注意残疾人警告标志时,提醒前方有康复医院、残疾人学校等残疾人经常出入的地方,要减速慢行,注意观察,做好随时停车避让残疾人的准备。

右侧标志警告前方注意残疾人

行车中看到注意非机动车警告标志时,提醒前方有居民小区、企事业单位、商店、非机动车停车场等非机动车经常出入的小路口,要减速慢行,注意观察,做好避让非机动车的准备。

右侧标志警告前方注意非机动车

行车中看到向右急弯路警告标志时,警告前方道路是设计车速小于60公里/时的向右急转弯路,要靠道路右侧转小弯行驶。

右侧标志警告前方是向右急转弯路

行车中看到向左急弯路警告标志时,警告前方道路是设计车速小于60公里/时的向左急转弯路,要靠道路右侧转大弯行驶。

右侧标志警告前方是向左急转弯路

行车中看到反向弯路警告标志时,警告前方道路是设计车速小于60公里/时的反向弯路,要靠道路右侧减速慢行。

右侧标志警告前方是向右反向弯路

行车中看到连续弯路警告标志时,警告前方道路是设计车速小于60公里/时、有连续三个或三个以上转弯的弯路,要靠道路右侧减速慢行。

右侧标志警告前方道路有连续三个或三个以上的弯路

行车中看到上陡坡警告标志时,警告前方是上陡坡道路,要提前减速,根据陡坡坡度大小选择档位,保持足够的动力爬坡,小心谨慎驾驶。

右侧标志警告前方是上陡坡路段

行车中看到下陡坡警告标志时,警告前方是下陡坡道路,要提前减速,根据坡度的大小选择档位,充分利用发动机制动控制车速,小心谨慎驾驶。

右侧标志警告前方是下陡坡路段

行车中看到左侧变窄的警告标志时,警告前方是左侧变窄、路面宽度缩减为6米以下的双车道路段,在变窄路段的交会处要减速慢行,注意避让对面占道行驶的车辆。

右侧标志警告前方道路左侧变窄

行车中看到连续下坡警告标志时,警告前方是连续下坡道路,要提前减速,根据坡度的大小和下坡路长度选择档位,充分利用发动机制动控制车速,减少使用行车制动器的次数,小心谨慎驾驶。

右侧标志警告前方是连续下坡路段

行车中看到窄桥警告标志时,警告前方是桥面净宽度小于6米的桥梁,要减速观察桥上的情况,注意避让对面进入桥上行驶的车辆。

右侧标志警告前方是桥面变窄的桥梁

行车中看到两侧变窄的警告标志时,警告前方是两侧变窄、路面宽度缩减为6米以下的双车道路段,要注意辅助标志标注的狭窄道路长度,遇对面有来车时要减速让行。

右侧标志警告前方路面两侧变窄,长度为5公里

行车中看到注意牲畜警告标志时,警告前方路段设有放牧区、畜牧场等经常有牲畜横穿、出入的地方,要减速慢行,注意观察道路两侧情况,做到"减速、观察、慢行",遇到牲畜横过道路时应及时停车让行。

右侧标志警告前方经常有牲畜横穿、出入

行车中看到右侧变窄的警告标志时,警告前方是右侧变窄、路面宽度缩减为6米以下的双车道路段,在变窄路段的交会处要减速慢行,注意避让其他车辆。

右侧标志警告前方道路右侧变窄

行车中看到注意野生动物警告标志时,警告前方有野生动物保护区或经常有野生动物出没,要减速慢行,注意观察,做好避让野生动物的准备。

右侧标志警告前方注意野生动物可能横穿或出入

山区道路行车中看到注意落石警告标志时，警告前方靠山一侧（左侧或右侧）是有落石危险的傍山险路，通过时要注意观察标志提示一侧（左侧或右侧）山体情况，尽快通过落石路段。

右侧这个标志警告左侧有落石危险

右侧这个标志警告右侧有落石危险

行车中看到注意横风警告标志时，警告前方是出山涧口或跨江、河、湖、海大桥风口处，会经常有很强的侧向横风，应减速握稳转向盘，提防横风造成行驶方向偏离。

右侧这个标志警告前方山口注意横风

行车中看到易滑警告标志时，警告前方是容易发生侧滑或事故的易滑路段，要注意减速控制好方向，避免急转转向盘、制动过急或使用紧急制动。

右侧这个标志警告前方是易滑路段

山区道路行车中看到傍山险路警告标志时，警告前方是一侧（左侧或右侧）傍山、一侧临崖的傍山险路，要注意减速慢行，在临崖一侧行驶要谨慎驾驶，不得离路边过近。

右侧这个标志警告前方是傍山险路

山区道路行车中看到堤坝路警告标志时，警告前方一侧（左侧或右侧）是水库、湖泊或河流堤坝，要注意标志提示一侧的堤坝情况，临近时减速慢行，不得离堤坝一侧过近。

右侧这个标志警告前方200米是堤坝道路

行车中看到村庄警告标志时，警告前方道路紧靠村庄或集镇，视线不良，经常会有行人、非机动车横过道路，要减速行驶，观察通往两侧村庄或集镇的路口。进入村庄或集镇行驶时，要注意避让行人、非机动车和牲畜。

右侧标志警告前方200米有村庄、集镇

行车中看到隧道警告标志时，警告前方是照明条件不良的隧道。临近隧道口时，要注意观察交通标志和文字提示，按限速标志通行。

右侧这个标志警告前方是隧道

行车中看到驼峰桥警告标志时，警告前方是拱形很大、影响视距的驼峰桥。要减速谨慎驾驶，注意观察驼峰桥顶的情况，做好避让对面来车的准备。

右侧标志警告前方是驼峰桥

行车中看到路面不平警告标志时，警告前方是路面不平颠簸路段或桥头跳车较严重的结合点，要减速慢行，保持车辆循着路面起伏平稳通行。

右侧标志警告前方路面不平

行车中看到路面高凸警告标志时,警告前方路面会突然高凸,要减速慢行,注意观察路面最高点的情况,做好避让对面有机动车或非机动车在驶过高凸路的准备。

右侧标志警告前方路面高凸

行车中看到路面低洼警告标志时,提醒前方路面会突然低洼,要减速慢行。通过低洼路面时,要提前减档,控制好加速踏板,缓慢平顺地通过低洼路段。

右侧这个标志警告前方路面低洼

行车中看到过水路面警告标志时,警告前方是过水路面或漫水桥,要减速观察两侧标志杆的水位高度,也可停车查看水面深度,确认能安全涉水后,挂低速档,保持匀速通过。

右侧标志警告前方是过水路面

行车中看到事故易发路段警告标志时,警告前方路段曾发生过多起事故、由于某种原因造成交通事故频发。进入事故易发路段行驶时,要减速,特别谨慎驾驶。

右侧标志警告前方是事故易发路段

行车中看到注意障碍物两侧绕行警告标志时,警告前方道路中心有固定障碍物,车辆从两侧绕行,要减速行驶,按照警告标志的提示或道路交通流量选择向左或向右绕过障碍物。

左侧标志警告障碍物在路中心,车辆从两侧绕行

行车中看到注意障碍物左侧绕行警告标志时,警告前方道路有固定障碍物或单行线,车辆从左侧绕行。此时要减速行驶,按照标志的提示向左绕过障碍物。

图中标志警告前方有障碍物,车辆从左侧绕行

行车中看到注意障碍物右侧绕行警告标志时,警告前方道路有固定障碍物或单行线,车辆从右侧绕行。此时要减速行驶,按照标志的提示向右绕过障碍物。

图中标志警告前方有障碍物,车辆从右侧绕行

行车中看到注意危险警告标志时,警告前方是其他警告标志不能包括的危险路段,如塌方路段、已损路段、下陷路段等。在这种危险路段,要减速行驶,注意行车安全。

右侧标志警告前方路段有塌方,应减速通行

行车中看到施工警告标志时,警告前方道路正在临时施工,要减速慢行,根据标志提示或施工人员指挥,变更车道或进入指定车道行驶或绕行。

右侧标志警告前方道路正在施工

　　行车中看到有建议速度的警告标志时,警告前方有弯道、出口、匝道、减速车道等路段,要按标志上建议的速度行驶。

右侧标志警告前方有村庄或集镇,
建议行驶速度30公里/时

　　行车中看到隧道警告标志时,警告前方是隧道口,要减速行驶,按照隧道口文字提示进入隧道行驶。隧道开车灯警告标志提示前方是无照明或照明不足的隧道入口,进入隧道要开启前照灯。

右侧这个标志警告前方是隧道,应开启前照灯减速慢行

　　行车中看到注意合流警告标志时,警告前方道路左侧或右侧有车辆汇合进入的路口。要注意左侧或右侧路口是否有车辆汇入,做好避让汇入车辆的准备。

右侧标志警告前方注意右侧路口有汇入车辆

　　行车中看到注意潮汐车道警告标志时,警告前方道路是潮汐车道的起点。按照辅助标志标注的时间区间定向通行,其他时间按照正常道路标志、标线通行。

图中标志提示前方是潮汐车道

　　行车中看到避险车道警告标志时,提醒前方一侧有避险车道。遇到紧急情况,可根据标志标注的距离判断避险车道的位置,尽快进入避险车道应急。

右侧标志提醒前方右侧500米有避险车道

　　城市道路行车中,看见禁止通行禁令标志时,表示前方道路入口禁止一切车辆和行人通行,不得进入该路段行驶,可选择绕道行驶。

左侧标志表示前方路段禁止一切车辆和行人通行

　　行车中看到会车让行禁令标志时,表示前方路段让对面车辆先行,要停车礼让对面车辆优先通过,不得鸣喇叭、开前照灯或加速通过。

右侧标志表示停车礼让对面车辆优先通过

　　城市道路行车中看见禁止机动车驶入禁令标志时,表示前方路段禁止各类机动车驶入。辅助标志有时间、车种规定的,按照辅助标志说明通行。

右侧标志提示前方路段各种机动车不能通行

行车中看见禁止驶入禁令标志时，表示前方是单行路的出口或禁止驶入路段的入口，禁止一切车辆驶入，这种情况下要改变行驶路线绕行。

右侧标志提示前方路口一切车辆都不能驶入

行车中看见禁止左转弯禁令标志时，表示前方路口禁止一切车辆向左转弯。在这种情况的路口，只能直行或向右转弯行驶。

右侧标志表示前方路口不准车辆左转弯

行车中看见禁止右转弯禁令标志时，表示前方路口禁止一切车辆向右转弯。在这种情况的路口，只能直行或向左转弯行驶。

右侧标志表示前方路口不准车辆右转弯

行车中看见禁止掉头禁令标志时，表示前方路口或路段禁止机动车掉头，在这种情况的路口或路段不得掉头。

左侧标志表示前方路口不准掉头

行车中看见禁止超车禁令标志时，表示前方路段禁止机动车超车，在这种情况的路段遇到前车行驶缓慢时，要保持安全距离跟车行驶，不准超车。

右侧标志表示前方路段不允许超车

在禁止超车路段行车中看见解除超车禁令标志时，表示前方禁止超车路段结束，在前方路段遇到前车行驶缓慢时，允许保持安全距离超车。

右侧标志表示前方路段允许超车

行车中看到禁止停车禁令标志时，表示该路段是禁止车辆停放的地方，这个位置或前方路段限定的范围内，禁止一切车辆临时或长时间停车。

右侧标志表示禁止临时或长时间停车

行车中看到禁止长时间停车禁令标志时，表示该路段是禁止车辆长时间停放的地方，前方路段或这个位置限定的范围内，禁止车辆长时间停放，临时停车不受限制。在这个位置或路段可以临时停车。

右侧标志表示禁止车辆长时间停放，临时停车不受限制

行车中看到禁止鸣喇叭禁令标志时，表示前方道路或区域禁止机动车鸣喇叭。进入禁止鸣喇叭区域行车时，要注意观察道路交通情况，即使道路环境复杂、混乱，也不能鸣喇叭。

右侧标志表示禁止鸣喇叭

山区道路行车中看到限制宽度警告标志时，表示道路通行最大允许宽度受限，禁止装载宽度超过标志所示数值的车辆通行。进入宽度受限的路段时，一定要考虑车辆装载宽度，不得盲目通过。

右侧标志表示前方道路限宽3米

山区道路行车中看到限制高度警告标志时，表示道路前方有最大允许高度受限的隧道、涵洞、限高杆等，高度超过标志所示数值的车辆禁止通行。进入高度受限的路段，一定要考虑车辆高度，不得盲目通行，以免被卡住。

隧道上方标志表示限制高度3.5米

行车中看到向左（或向右）单行路指示标志时，表示前方是向左（或向右）单行路入口或路口，一切车辆都要按照标志指示向左（或向右）单向行驶。

前方标志表示向左是单向行驶道路入口

前方标志表示向右是单向行驶道路入口

行车中看到步行指示标志时，表示前方是步行街，只供步行，一切车辆都不准进入。有辅助标志标注通行时间的，在标注的时间内只允许步行，规定时间以外不受限制。

右前方标志表示该路段在规定时间内只供步行

行车中看到鸣喇叭指示标志时，表示前方道路是急弯、陡坡等视线不良路段的起点，在这个标志处必须鸣喇叭，提醒对向来车注意并减速慢行。

右侧标志表示此处必须鸣喇叭

行车中看到人行横道指示标志时，表示前方路段有人行横道，要减速慢行，注意观察，临近人行横道要注意给行人让行。

右侧标志表示前方有人行横道

在高速公路、其他道路限速路段的起点或交叉路口入口处，看到最低限速指示标志时，表示机动车驶入前方道路有最低时速限制，在这个路段行驶速度不得低于标志上的数值。

右侧标志表示最低车速是50公里/时

行车中看到会车先行指示标志时，表示前方道路的另一端设有会车让行标志，红箭头一方让行，白箭头一方先行。

右侧标志表示会车时对向车辆让行

行车中看到车道行驶方向指示标志时,表示前方是导向车道,可根据标志的箭头提示在虚线区内选择直行、转弯或掉头分向行驶车道行驶。

图中标志表示车辆按箭头指示方向选择行驶车道

城市道路行车中看到公交线路专用车道指示标志时,表示标志下方的车道专供公交车辆行驶,其他机动车不得占道行驶。有辅助标志标注通行时间时,在标注的时间内只允许公交车专用,规定时间以外其他车辆可临时借道行驶。

前方标志表示除公交车以外的其他车辆不准进入该车道行驶

行车中在车道的起点及交叉路口看到机动车行驶指示标志时,表示前方车道只供机动车行驶,非机动车和行人不得占用此道。

红色圆圈内标志表示左侧道路只供机动车行驶

行车中在车道的起点及交叉路口看到非机动车行驶指示标志时,表示前方车道只供非机动车行驶,机动车不得进入或占道行驶。

红色圆圈内标志表示除非机动车以外的其他车辆不准进入该车道行驶

在城市街道、路边、生活服务区、旅游景点等地看到露天停车位指引标志时,告知前方有露天停车位或停车场,在路边停车要选择有停车位标志的停车位、停车场,按照要求依次停放。

右侧标志告知前方200米处有露天停车位或停车场

行车中看到室内停车场指引标志时,告知前方有室内停车场、地下停车场或停车库。选择室内停车时,可根据辅助标志标注的距离和方向到达停车场。

右侧标志告知向右100米有室内停车场

行车中看到互通式立体交叉指路标志时,告知前方是复杂立体交叉或连续立体交叉路段,可根据标志上的信息提示,选择行驶路线。

右侧标志预告互通式立交桥通往方向的信息

行车中看到地点距离指引标志时,指示前方所要经过的重要公路编号、道路名称、地名和距离。可根据标志的提示,判断行驶位置,选择出口方向和行驶路线。

右侧标志指示前方所要经过的重要地名和距离

看到错车道指引标志时,指示前方是避让来车的场所,有辅助标志的表示距离前方错车位的距离。遇到对面有来车时,要提前进入错车道内停车避让。

右侧标志指示前方设有避让来车的场所

行车中看到应急避难设施（场所）指引标志时，指示前方是应急避难场所、隧道等设施的疏散通道以及其他应急避难设施的位置。遇到地震、山洪、战争及其他自然灾害时，要按照标志的指示进入应急避难场所躲避。

右侧标志告知右前方100米是应急避难场所

行车中看到绕行指引标志时，指示由于实施交通管制、下一路口禁止左转、前方路段高度限制或者其他不能通行的原因，在前方路口绕行的路线。在这种路口，必须按标志上标注的绕行路线行驶。

右侧标志指示前方路口绕行的路线

行车中看到此路不通指引标志时，指示前方道路无出口、不能通行。在有这种标志的路口，一般都会与其他指路标志配合，要根据标志上标注的行驶路线行驶。

前方标志指示前方道路无出口、不能通行

在多车道路段行车中，看到车道数变少指引标志时，指示前方道路车道数量变少，需要提高警惕驾驶。进入减少的车道口交接处，要根据标志的提示，注意减速避让两侧行驶的车辆。

右侧标志表示前方车道数量减少

行车中看到车道数增加指引标志时，表示前方道路车道数量增加，需要谨慎驾驶。进入增加的车道口交接处，要根据标志的提示，注意减速避让两侧行驶的车辆。

右侧标志表示前方车道数增加

行车中看到交通监控设备指引标志时，提示前方道路设置了图像采集等交通监控设备，要严格按交通信号指示和有关规定谨慎行驶。

右侧标志提示该路段已实行交通监控

行车中看到道路中央隔离带有两侧通行线形诱导标志时，提示前方道路发生线性变化，要按照线形诱导标志的引导向两侧道路行驶。

右侧标志警示前方道路两侧通行

行车中看到高速公路或城市快速路入口预告指引标志时，预告前方一定距离有高速公路或城市快速路入口。高速公路或城市快速路入口一般都有两个方向,可根据标志上的信息选择不同方向的入口。

前方标志预告距离高速公路入口1公里

行车中看到高速公路或城市快速路入口指引标志时,提示前方是高速公路或城市快速路入口,要根据标志上的方向指引选择入口,进入收费站前的匝道行驶。

前方标志预告高速公路入口在路的左侧

　　在高速公路或城市快速路行车中,看到高速公路起点标志时,指示从这一位置开始驶入高速公路或城市快速路,可根据标志提示了解高速公路的名称和编号。

右侧标志指示前方是高速公路的起点

　　进入高速公路或城市快速路收费站入口处,看到停车领卡标志时,提示收费站需要停车领卡通过,可根据标志提示在收费口领卡后进入高速公路或城市快速路。

左侧标志提示前方收费口停车领卡

　　进入高速公路或城市快速路入口后,在匝道分岔处看到地点、方向指引标志时,提示进入高速公路或城市快速路有两个行驶方向,要根据标志上指引的两个方向选择行驶匝道。

左侧标志指示高速公路两个行驶方向的目的地

　　在高速公路或城市快速路互通式立体交叉加速车道渐变段终点后,看到地点距离指引标志时,预告前方所要经过的重要地点、道路名称和距离,可根据预告标志上的信息提示,确定到达目的地的距离。

前方标志预告高速公路所要经过的重要地点和距离信息

　　在高速公路互通式立体交叉加速车道渐变段终点后,看到命名标号标志时,提示高速公路的名称和编号,可根据标志的信息判断所行驶的高速公路名称和编号。

前方标志指示高速公路的名称和编号

　　在高速公路或城市快速路行车中,看到下一出口预告标志时,提示前方下一出口的地点、编号、距离等,可根据标志了解下一出口的相关信息。

右侧标志预告距离下一出口4公里

　　在高速公路或城市快速路行车中,看到交通信息标志时,指示收听高速公路或城市快速路交通信息广播的频率,可通过这个频率收听交通信息广播(不能收看无线电视)。

这个标志指示高速公路交通广播的频率

　　在高速公路或城市快速路行车中,看到救援电话标志时,指示高速公路或城市快速路救援电话的号码。在高速公路或城市快速路遇到需要救援的特殊情况时，可直接拨打标志上提示的电话号码。

右侧标志指示高速公路救援电话号码

在高速公路或城市快速路行车中，看到加油站标志时，指示高速公路或城市快速路加油站的位置和距离。在高速公路或城市快速路需要补充燃油时，可按照标志的指示进入加油站。

右侧标志指示距离前方加油站入口200米

在高速公路或城市快速路行车中，看到紧急停车带标志时，指示高速公路或城市快速路紧急停车带的位置。在高速公路或城市快速路发生车辆故障、轻微事故等紧急情况时，可按照标志的指示进入紧急停车带停车。

右侧标志指示路右侧是高速公路紧急停车带

在高速公路或城市快速路行车中，看到服务区预告标志时，预告前方服务区的距离和服务项目。需要临时停车、休息、餐饮、修车和补充燃油时，可根据标志上提示的项目选择服务区。

右侧标志预告距离高速公路东芦山服务区2公里

在高速公路或城市快速路行车中，看到车距确认标志时，提示前方是车速在100公里/时的速度下确认与前车距离的路段。确认与前车的距

离时，纵向间距要等于或大于行驶速度值。

右侧标志提示前方200米是车距确认路段

在高速公路或城市快速路行车中，看到出口预告标志时，提示前方下一出口的地点、编号、方向和距离等，可根据标志了解出口的相关信息。

前方标志预告距离出口1公里

在高速公路或城市快速路看到人工停车收费站预告标志时，提示前方人工停车收费站的距离。驶入收费站时要通过减速车道、匝道进入收费站广场。

右侧标志提示距离人工停车收费站1公里

在高速公路或城市快速路看到电子不停车收费（ETC）车道的收费站预告标志时，提示前方距离电子不停车收费（ETC）收费站的距离。在收费站可凭电子不停车收费（ETC）识别卡，不停车通过收费站。

右侧标志指示距离设有电子不停车收费车道的收费站1公里

在高速公路或城市快速路收费广场看到ETC车道指示标志时，表示进入电子不停车收费（ETC）车道，黄色箭头表示ETC车辆的行驶方向。进入ETC收费口时，可按照黄色箭头标志提示车道行驶。

113

右侧标志指示前方收费站设有电子不停车收费行驶车道

路中两条双黄虚线并列组成的双黄虚线表示潮汐车道的位置

在高速公路或城市快速路行车中,看到终点预告标志时,预告前方到达高速公路或城市快速路终点的距离及相关信息。

行车中看到路两侧施划的白色实线表示车行道边缘,不允许机动车越线超车、靠边停车或越线借道通行。发生交通事故或道路交通管制时,按照交通警察指挥或路标临时提示行驶。

右侧标志预告前方距高速公路终点还有2公里

道路右侧白色实线表示车行道边缘

3. 交通标线

行车中看到路面有中心黄色虚线的路段,表示可以跨越对向车行道分界线,允许机动车临时跨越中心线借对向车道行驶,在保证道路通行安全的情况下,允许短时间越线超车、绕行障碍物或转弯。

行车中看到道路两侧施划的白色虚线,表示车行道边缘,允许机动车临时越线超车、靠边停车或临时越线借道通行。

路面中心黄虚线表示在保证安全的情况下可以越线超车

道路右侧白色虚线指车行道边缘,允许跨越

行车中看到路面有白色虚线的路段,表示可以跨越同向车行道分界线,允许机动车短时越线行驶,在保证道路通行安全的情况下,允许短时间变更车道、越线超车、绕行障碍物或转弯。

行车中看到车行道边缘线为白色虚实线的路段,表示允许虚线一侧车辆变道行驶。越线行驶时,要避让其他正常行驶的机动车、非机动车和行人。

道路右侧白色虚线表示可越线变更车道

路面白色虚实线指示允许跨越变道或靠边停车时

行车中看到路中两条黄色虚线并列组成的双黄虚线路段,表示潮汐车道的位置。机动车可按照标志注明的时间区间和通行方向进入潮汐车道定向通行,其他时间遵照正常道路标线通行。

行车中看到车行道边缘线为白色实虚线的路段,表示不允许越右侧边缘线变道行驶或靠边停车。发生交通事故或道路交通管制时,可按照交通警察指挥或临时路标提示借道行驶。

路面白色实虚线指示实线一侧不允许跨越

路面上的出口标线用于引导驶出该高速公路

行车中看到路面上的菱形标线是人行横道预告标识,提示前方有无信号灯控制的人行横道线,要注意提前减速,做好礼让行人和非机动车的准备。

在高速公路或城市快速路入口处的白色实线是高速公路入口标线,驶入高速公路或城市快速路时,要按照出口标线的引导进入加速车道,不得不经加速车道直接进入高速公路行车道。

路面上菱形标识预告前方道路设置人行横道

不允许沿着图中箭头方向驶入高速公路行车道

在高速公路或城市快速路行车中,看到路面上的白色折线为车距确认线,是提供在100公里/时速度下判断与前车安全距离的路段。

行车中看到的路边白色矩形虚线框是垂直式机动车限时停车位标线,只允许在停车位标注的时段内停车,其他时段禁止停放车辆。

高速公路上的白色折线为行车中判断行车距离提供参考

路右侧白色矩形虚线框内不允许长时间停车

行车中看到的路面白色箭头标线是车行道行驶方向,进入这条车行道行驶要按照箭头指引的方向行驶。

在高速公路或城市快速路行车中,看到路两侧的白色半圆状标线是车距确认线,相邻半圆中心的间隔距离是50米,是供判断与前车安全距离的路段。

高速公路两侧白色半圆的间隔距离是50米

图中车道路面导向箭头指示前方道路仅可直行

行车中看到路面白色左转弯箭头标线时,表示车行道行驶方向只能左转弯,进入这条车行道行驶要按照箭头指引的方向在路口向左转弯行驶。

行车中看到路面白色左转弯或需向左合流箭头标线时,表示车行道只允许向左合流行驶,进入这条车行道行驶要按照箭头的指引向左合流。

在高速公路或城市快速路出口处的两条白色实线,表示高速公路出口标线,驶出高速公路或城市快速路时,要按照出口标线的引导进入出口匝道。

图中车道路面导向箭头提示前方道路需向左合流

行车中看到路面有限制速度标记时,表示车行道只允许在限定的速度内行驶,进入这条车行道行驶不得超过限速标志限定的最高时速。

路面标记指示这段道路上最高限速为 50 公里/时

行车中看到路面有白色数字标记时,表示车行道最低限速标记,进入这条车行道行驶不得低于路面限速标记限定的速度值。

路面标记指示这段道路上最低限速为 80 公里/时

行车中看到路面有黄色数字标记时,表示车行道最高限速标记符号,进入这条车行道行驶不得高于路面限速标记限定的速度值。

路面标记指示这段道路上最高限速为 60 公里/时

行车中看到的路面白色自行车式样的标记是非机动车路面标记,指示这条车行道是非机动车专用道,机动车不得借道行驶。

右侧路面标记表示是非机动车专用道,不得借道行驶

行车中看到路面有中心黄色实线的路段,表示禁止跨越对向车行道分界线,禁止机动车在任何情况下跨越中心线行驶,发生交通事故或道路交通管制时,按照交通警察指挥或路标提示行驶。

路中心黄色双实线指示严禁临时跨越超车

行车中看到道路黄色中心虚实线,表示禁止跨越对向车道分界线,在虚线一侧行驶时允许临时越过中心线超车或转弯,越线行驶要避让其他正常行驶的车辆。

路中心黄色虚实线指示允许临时越过超车

行车中看到道路黄色中心实虚线,表示禁止跨越对向车道分界线,在实线一侧行驶时禁止临时越过中心线超车或转弯。

路中心黄色实虚线指示禁止超车时越过

行车中看到道路中心黄色斜线填充的实线,表示禁止跨越对向车道分界线,禁止双方向或一个方向行驶的车辆越线或轧线行驶。

黄色斜线填充线指示该区域禁止进入或轧线行驶

行车中看到车行道两侧都是白色实线,表示禁止跨越同向车道分界线,车辆在这条车行道行驶时,禁止越过两侧实线或轧线行驶。

路面同向车行道分界线指示不允许越线超车

行车中看到路面网状线表示不准进入该区域内停车等待

行车中看到车行道右侧是白色实线,表示禁止跨越同向车道分界线,车辆在这条车行道行驶时,禁止越过右侧白色实线或轧线行驶。

路面同向车行道分界线指示不允许跨越变换车道

行车中看到路两侧有用黄色宽虚线并标有"公交专用"字样的车道,表示公交专用车道线,除公交车外,其他车辆不得进入该车道行驶。有时间规定的,可在规定允许的时间内借道行驶。

右侧车道路面标线表示不得临时借公交专用车道行驶

行车中看到车行道右侧路缘石上涂有的黄色虚线是禁止长时停车线,前方路段禁止长时间停放车辆,但允许装卸货物或上下人员等临时停车。

路缘石上的黄色虚线指示路边允许停车上下人员或装卸货物

行车中看到路面上有用白色反光虚线连续施划的路段,表示车行道横向减速标线,在这条车道上行驶车辆会产生振动,从感觉上提醒减速慢行,车速过快会造成车辆振动剧烈。

路面白色反光虚线警告前方路段要减速慢行

行车中看到车行道右侧路缘石上涂有黄色实线,表示此处禁止停车,禁止临时或长时间停车。

路缘石的黄色实线表示路边不允许临时或长时间停放车辆

行车在道路分叉处,看到用黄色斜线填充的区域是接近障碍物标线,警告前方有固定障碍物需要绕行通过,要按照填充线的引导方向绕行通过。

路中黄色斜线填充标记警告前方有固定障碍物

行车中看到路中有用黄色网状线框组成的区域,表示路面网状线,禁止以任何原因和理由在网状线区域内停车等待,遇交通拥堵停车时必须避开网状线。

行车中看到路面上有用白色菱形块虚线施划的路段,这是车行道纵向减速标线,在这条车道上行驶会从视觉上提示道路宽度变窄,要减速慢行。

路面菱形块虚线警告前方道路要减速慢行

（三）特殊场所交通信号综合应用

1. 车站

行车中看到公交车专用港湾式停靠站内黄色矩形标线框，表示公交车或校车停靠的位置，除公交车或校车外，其他车辆不得进入临时停车。

路右侧黄色矩形标线框内不允许公交车或校车以外的车辆临时停车

2. 渡口

行车中看到渡口警告标志时，提醒前方是车辆渡口。需要摆渡时，可根据标志的提示的方向到达渡口，按照渡口管理人员的指挥百度。

右侧标志提醒前方路交口向右100米是渡口

3. 铁路道口

通过无人看守的铁路道口前，要减速慢行，根据车道信号灯的指示行驶。遇到一个红灯亮或两个红灯交替亮时，要在道口停止线以外停车等候，待红灯熄灭后方可起步通过铁路道口。

在铁路道口看到这种信号灯时不得越过停止线

行车中看到有人看守铁路道口警告标志时，警告前方是不易发现的有人看守铁路道口，要减速慢行，注意观察栏杆和信号灯，服从路口管理人员的指挥。

右侧这个标志警告前方是有人看守的铁路道口

行车中看到无人看守铁路道口警告标志时，警告前方铁路道口无人看守，要提前减速慢行，在道口停止线前停车瞭望，确认无列车通过后，方可缓慢通过道口。

右侧这个标志警告前方是无人看守的铁路道口

行车中看到有人看守铁路道口警告标志上方设有叉形符号时，警告前方是有人看守的、有多股铁路与道路相交的铁路道口，两股铁轨的列车有可能在道口交会。在进入该道口时要提前减速减档，进入道口后不得换档。

右侧标志警告前方铁路道口有多股铁路与道路相交

行车中看到下方设有三道红色斜杠符号的无人看守铁路道口警告标志时，警告前方距无人看守的铁路道口150米，要注意控制行车速度，做好减速准备。

右侧标志警告前方150米是无人看守铁路道口

行车中看到下方设有两道红色斜杠符号的无人看守铁路道口警告标志时，警告前方距无人看守的铁路道口100米，要减速行驶，并注意控制速度，做好停车准备。

右侧标志警告前方距无人看守铁路道口 100 米

行车中看到下方设有一道红色斜杠符号的无人看守铁路道口警告标志时,警告前方距无人看守的铁路道口 50 米,要注意观察铁路道口内的情况,缓慢行驶到停止线前停车。

右侧标志警告距前方无人看守铁路道口 50 米

行车中看到道路中央隔离带有向右侧(或左侧)通行线形诱导标志时,提示前方道路发生线性变化,要按照线形诱导标志的引导向右侧(或左侧)道路行驶。

左侧标志警示前方道路右侧通行

四、恶劣气象和复杂道路条件下的驾驶知识

(一)通过桥梁的安全驾驶

1. 通过公路跨线桥

行车中经过一般公路跨线桥时,要注意观察桥上车辆的通行情况,按照标志指引的车道和限定速度行驶。上桥后,尽量靠右侧行驶,不得在桥上超车或超速行驶。

经过公路跨线桥时,按照标志限定速度行驶

2. 通过跨江、河、海大桥

通过跨江、河、海大桥时,可能会遇到横风,要控制好方向,遵守限速规定,以防桥上的横风造成车辆行驶方向偏离。冬季雨雪后在桥上行驶时,要注意桥面结冰或残留的积雪,低速通过,以防车辆发生侧滑失控等危险情况。

遇到这种跨江、河、海大桥时,可能会遇到横风,控制好方向

3. 通过窄桥

行车中遇到路面条件较好的窄桥时,要严格遵守交通标志、标线的指示通行;遇到没有标志、标线的窄桥,可根据桥的宽度选择行驶速度,一般情况不得超过 30 公里 / 时。

遇到这种路面条件较好的窄桥,要控制车速不超过 30 公里 / 时

(二)通过隧道的安全驾驶

1. 通过双向通行隧道

行车中看到隧道标志时,要提前降低车速;驶近隧道口时,注意观察交通信号和隧道口提示,进入隧道前要开启前照灯。进入双向通行的隧道时,要开启近光灯,靠右侧行驶,注意对向来车,做好避让准备。

遇到这种情况要靠右侧停车等待

在这个时候要减速慢行

2. 通过单向行驶隧道

通过仅能单车通行的窄隧道时，应提前减速，开启前照灯，观察有无对向来车，确认安全后方可通过。如发现对向有来车时，应在隧道口外靠右停车让行，待来车通过后再驶入隧道。如遇有信号灯控制的隧道时，应严格遵守红灯停车、绿灯通行的规则。通过无管制的单车道隧道时，在接近隧道口时，应仔细观察，如隧道内已有对向来车行驶，应主动避让，避免在隧道内"顶牛"。

3. 通过长隧道、特长隧道和隧道群

进入长隧道、特长隧道和隧道群行驶前，应寻找合适的位置停车，进行短暂的休息检查车辆，保持精力饱满地驾驶车辆通过隧道。较长的隧道，大多有直接通向地面的安全出口，安全出口的位置一般都在隧道出入口处标明，隧道内有标志提示。安全疏散出口平坦、路线简洁无交叉，有事故照明、排烟设备。驾驶人在进入长隧道前就应提前注意观察标志，一旦遇到隧道内失火，可参照标志逃入通向地面的安全出口。

4. 隧道内驾驶

进入隧道后，注意"暗适应"对行车的影响，遵守交通信号和有关规定，尽量靠右侧行驶；行车中将视线注视点放到远处，不要看两侧隧道壁，跟车行驶注意保持安全间距，会车时不要使用远光灯，严禁在隧道内超车、停车、掉头或倒车。

在这种隧道内要尽量靠右侧行驶

5. 驶出隧道

驶出隧道口时，注意提前降低车速，与前车保持安全距离，可利用前车挡住强光，以防因"明适应"或受隧道口横风的影响，车辆失去控制。

（三）山区道路的安全驾驶

1. 山区道路跟车时安全距离控制

在山区道路跟车行驶时，要保持与前车的安全距离，注意观察前车信号灯的变化，随时预防前车突然停车。在狭窄的山路上跟车行驶时，跟车距离要比平坦路面时大，遇前车停车时，保持较大距离停车，以防前车停车后溜，发生碰撞事故。

在这种山区道路跟车行驶时要保持安全距离

2. 山区道路超车时的安全驾驶

在山区沙土路段跟车行驶时，要仔细观察前车的动态；遇到前车行驶扬起的尘沙遮挡视线无法看清前方道路情况时，要适当加大跟车距离，不得加速盲目超车。

在山区道路遇到这种情况时不能加速超越前车

在山区道路急转弯处，由于看不见弯道遮挡的对面路段交通情况，遇到前车行驶缓慢靠右侧行驶时，也不能加速超车，以防突然有车辆或行人出现而措手不及。

不得在这种急转弯处超车

第四部分 安全文明驾驶常识

山区道路行车尽量避免超车,需要超车时,要选择路面宽阔的上坡路段,确认前车让行后再超越。严禁在路面狭窄、急转弯、连续转弯或对面有来车等不具备超车条件的路段超车。

这种情况下即使对向没有来车也不能超车

3. 山区道路会车时的安全驾驶

山区道路行车,遇到对面来车时,尽量选择路面较宽的路段会车;在转弯下陡坡路段遇对面来车时,要在转弯前减速,靠路右侧行驶会车。

在山区道路遇到这种情况时应减速行驶

在山区危险路段行车,遇对面来车在临崖一侧时,要选择安全的地点,尽量靠近山体一侧让行,做到"先让、先慢、先停"。

在这种山区危险路段应选择安全的地点,靠山体一侧让行,做到"先让、先慢、先停"

在山区傍山险路靠山体一侧行车,遇到对面有来车时,要靠右侧低速行驶,尽量给对面来车让出路面,确保通行安全。

遇到这种山路靠右侧低速通过

4. 山区道路安全停车

在山区道路停车,一定要避开在有坡的路段停车;因故障无法避开在山区下坡路段长时间停车时,停车后要在车轮的前方(下坡方向)用三角木或石块塞住车轮进行固定。

因故障在下坡路段长时间停车时,要用这种办法塞住车轮

在山区道路因故障停车时,要选择平缓路段停放;在上坡路段长时间停车时,要在车轮的后方(下坡方向)用三角木或石块塞住车轮进行固定。

因故障在上坡路段长时间停车时,不要用这种办法塞住车轮

在上坡路段需要临时停车时,使用行车制动要比在平路时推迟。临时停车后,为避免车辆后溜,可将转向盘向左转到底,依靠路缘石进行阻挡。

在这种情况下临时停车后,可将转向盘向左转到底

在下坡路段需要临时停车时,使用行车制动要比在平路时提前。临时停车后,为避免车辆前溜,可将转向盘向右转到底,依靠路缘石进行阻挡。

在这种情况下临时停车后,可将转向盘向右转到底

5. 山区道路坡道的安全驾驶

在山区道路下坡行驶时，要提前减速减档，利用发动机制动控制速度；下长坡或下陡坡时，要根据坡度的大小，提前选择中速档或低速档行驶，尽量用档位控制车速。下长坡连续使用行车制动会造成制动器制动效果下降，发生危险。

遇到这种道路要提前减速减档，利用发动机制动控制车速

在山区道路连续下陡坡的路段，要提前减速、减档，充分利用发动机制动控制好车速，谨慎驾驶，严禁空档滑行。

遇到这种道路，严禁空档滑行

在山区道路上坡行驶时，为了保持充足的动力，要在车速下降前减档；山区上陡坡路段，要提前观察坡道长度，上坡前减档保持动力，尽量避免中途减档。

遇到这种道路要提前减档，以保持充足动力

在山区道路上坡，驶近坡道顶端等影响安全视距的路段时，要减速慢行并鸣喇叭示意，不得加速冲过坡顶，随时准备避让对向来车和意外情况，保证通行安全。

在这种情况下不得加速冲过坡顶

6. 山区道路弯道的安全驾驶

在山区道路弯道行车时，要在转弯前减速，进入弯道后靠右侧减速行驶，有鸣喇叭标志提示时，要及时鸣喇叭提示，做到"减速、鸣号、靠右行"。

在这种山区弯道，要"减速、鸣号、靠右行"

在山区道路行车，遇到下坡连续弯道时，要注意提前减速减档，控制好车速；通过每一个弯道都要注意适当减速，沿道路右侧行驶，不得靠道路中心行驶。

通过这段山区道路不得靠路中心行驶

在山区道路行车，遇到上陡坡的弯道时，要在坡底减速减档，保证不换档能一气爬到坡顶的动力；进入弯道前适当减速减档，靠右侧行驶，并鸣喇叭示意。

在山区上这种陡坡道转弯时，要在转弯前减速减档，靠右侧行驶，鸣喇叭示意

在山区道路行车，遇到上陡坡且路面较窄的急弯处时，要在坡底根据坡度大小选择档位；上坡途中要集中注意力，降低车速，注意鸣喇叭，做好停车准备。

在这种路面较窄的急弯处要集中注意力，降低车速，注意鸣喇叭，做好停车准备

第四部分　安全文明驾驶常识

　　在山区道路行车，通过傍山险路靠山体一侧行驶时，要尽量靠右侧低速行驶；遇到对面有来车时，要给对方留出足够的横向间距；在临崖一侧行驶，要尽量远离路边缘，目光不要注视悬崖。

通过这种傍山险路要靠右侧行驶

　　在山区道路行车，遇到有落石危险的傍山路段时，要注意观察，避免临时停车，尽快通过；通过落石区遇到有落石时，要仔细观察落石情况，尽快加速通过，不得在落石区域停留、缓慢行驶或倒车避让落石。

在山区道路遇到这种情况时，要注意观察，尽快通过

（四）夜间安全驾驶

1. 灯光的使用要求

　　夜间行驶中，为了保证安全，要降低速度，谨慎驾驶；跟车行驶时，要注意观察前车信号灯的变化，随时做好减速或停车的准备。

在这种情况下注意前车信号灯的变化，做好减速或停车的准备

　　夜间在照明条件良好的路段行驶时，要使用近光灯，跟车行驶不得使用远光灯。夜间通过没有交通信号灯控制的交叉路口时，交替使用远、近光灯示意，目的是使其他交通参与者更容易发现自己。夜间在窄路或者窄桥遇自行车对向驶来时，要使用近光灯。

夜间遇到这种情况时应使用近光灯

2. 夜间路面的识别与判断

　　夜间行车，相对白天而言，车辆灯光照射的范围小，驾驶人的视野受限，对事物的观察能力明显比白天差，视距变短，容易产生视觉疲劳。由于驾驶人视线仅限于前照灯的照射范围内，很难观察到灯光照射区域以外的交通情况，因此要仔细观察，低速行驶。

　　夜间行车时，灯光照射离开路面，可能是前方出现急转弯、大坑或车辆上坡已行驶到坡顶所致。当前方出现弯道时，灯光照射由路中移到路侧。

　　灯光照射距离由远及近，表明车辆驶近一侧有山体或屏障的弯道、到达起伏坡道的低谷地段、驶近或驶入上坡道。
　　灯光照射距离由近及远，表明车辆即将由弯道进入直道、由下缓坡驶入下陡坡、即将进入下坡道或由下坡道驶入平路面。

　　夜间在没有照明条件的道路近距离跟车行驶时，要使用近光灯，保持安全距离，注意前车信号灯变化，做好减速或停车准备。

在这种道路条件下跟车行驶时，使用近光灯，保持安全距离

123

3．夜间跟车、超车、让超车安全驾驶

夜间遇到前车行驶缓慢需要超越时，要先变换远、近光灯告知前车，待前车让行后再加速超越；遇前车不让行时，不得强行超车，要保持距离等待让行，严禁在急弯道处超车。

遇到这种情况交替使用远近光灯

4．夜间会车

夜间会车前，两车在相距150米外交替变换前照灯的远、近光，便于双方观察前方情况；遇到对面来车不配合不变换远、近光灯或一直开远光灯不关闭时，要及时减速让行，视线向右平移，防止眩目，继续交替变换远、近光灯提醒来车，必要时靠边停车。

遇到这种情况要减速或停车让行

5．夜间通过交叉路时的安全驾驶

夜间在交通复杂的交叉路口或有人行横道的路口会车时，要使用近光灯或示廓灯，两车近距离会车时，要警惕两车前照灯交汇处（视线盲区）的危险，以免交汇处有行人或非机动车横穿。

遇到这种情况要警惕两车前照灯交汇处（视线盲区）的危险

夜间行车中，从后视镜看到后方来车的灯光越来越近时，要做好减速让行的准备；当看到后车变换远、近光灯，发出超车信号时，要减速靠右侧让行。

遇到这种后车发出信号时要减速靠右侧行驶

夜间在繁忙路段行车，看到后车发出超车信号后，不能盲目让超，要根据前方道路的交通情况，选择安全的让行地点减速让行。

遇到这种情况时不能盲目让超

6．夜间通过坡道、人行道时的安全驾驶

夜间行车通过人行横道时，要减速慢行，仔细观察两侧行人和非机动车的情况；看到有行人或非机动车通过人行横道时，要停车让行人或非机动车优先通行。

在人行横道前遇行人横过时，要停车让行人优先通过

夜间在山区道路行车，要根据灯光的变化判断路面的情况：当灯光照射由路中移到路侧，说明前方是弯道；当灯光照射离开路面，说明前方有急转弯或上坡行至坡顶。驶近上坡路坡顶时，要合理控制车速，交替变换远、近光灯提示。

夜间车辆发生故障时，要尽量选择安全区域停车，开启危险警告灯、示廓灯和后位灯，按规定设置警告标志，严禁在急弯道或禁止停车处停车。

（五）特殊道路及恶劣气象条件下的安全驾驶

1．雨天安全驾驶

雨天影响安全行车的主要因素有：视线受阻，影响驾驶人视野；路面湿滑，附着力变小，制动距离增大；在湿滑路面上行驶时，路面附着力随着车速的增加急剧减小，紧急制动易发生侧滑或导致后车追尾；刚下雨的路面最容易发生侧滑，湿滑路面行车要尽量避免紧急制动。

雨天行车，不能准确判断周围车辆的距离，不能及时发现危险；急转向或紧急制动容易出现侧滑现象；跟车行驶要保持安全距离，避免超车，避免因周围车辆驾驶人看不清超车信号突然变道，导致措手不及引发事故。

在这种情况下,应该减速慢行

大雨天行车,为避免发生"水滑"而造成危险,要控制车速行驶。一旦发生"水滑",不可急踩制动踏板,不得迅速转向,要逐渐松抬加速踏板,让车辆逐渐减速。暴雨天气使用刮水器后仍无法看清路面情况时,要打开右转向灯,减速靠边停驶。雨天临时停车时,要开启危险警告灯。

雨天行车,要注意选择安全车速行驶,与车辆和行人保持足够的安全距离,避免紧急制动、紧急转向和超车;在交通拥堵路段,注意非机动车和行人的动态,遇到行人占道行走时,提前减速行驶,鸣喇叭(非禁鸣区)提醒,保持安全距离,不得急加速绕行。

雨天遇到行人占道行走时,要减速行驶,保持安全距离

2. 冰雪道路安全驾驶

冰雪路面行车,稳定性降低,操控难度增大,制动距离延长,极易发生侧滑,加速过急时车轮易空转或溜滑。在冰雪道路上行车,必要时可安装防滑链,必须降低车速行驶,跟车行驶要保持较大的安全距离;遇突发情况时不能采用紧急制动和急转向的方法,减速或停车时应充分利用发动机牵引制动作用制动。雪天临时停车后,要开启危险警告灯。

在这种冰雪路面跟车行驶,要保持较大的跟车距离

在有积雪的道路行车,由于积雪对光线的反射,极易造成驾驶人眩目。在积雪覆盖的冰雪路行车时,可根据路边树木、电线杆等参照物判断行驶路线,在有车辙的路段要循车辙低速行驶,避免紧急制动和急转方向。

在这种有车辙的冰雪路段要循车辙低速行驶,避免紧急制动和急转方向

在结冰的道路上行车,要挂低速档缓慢行驶,尽量避免使用行车制动;减速要靠发动机的牵引力阻力作用,但不得猛抬加速踏板。跟车行驶要尽量加大纵向间距,会车要提前减速缓慢交会。

在这种结冰的道路上会车要提前减速缓慢交会

在山区冰雪道路上行车,遇前车正在爬坡时,不得紧随或超越前车爬坡,要等前车通过坡顶后再上坡,避免前车突然停车或后溜造成事故。

遇到这种前车正在上坡的情况时要待前车通过后再上坡

3. 雾天安全行车

雾天行车,能见度低,要开启雾灯和危险警告灯,可使用近光灯辅助(开启远光灯会降低能见度),低速慢行;跟车行驶或两车交汇时,保持安全车距(尽量大的间距);公路行车可多使用喇叭引起对向注意,听到对向车辆鸣喇叭,要鸣喇叭回应。遇到大雾或特大雾等能见度过低天气时,要选择安全地点停车,停车后开启危险警告灯。

4. 大风天气安全驾驶

大风天气行车,由于风速和风向往往不断地发生变化,如果遇到较强横风或狂风袭来,当感到转向盘突然"被夺"、车辆产生横向偏移时,要双手稳握转向盘以恢复行驶方向,不得采取紧急制动或急转向的方式。

5. 泥泞、涉水、施工道路的安全驾驶

行车中遇到泥泞或翻浆路段时，要停车观察，选择平整、坚实或有车辙的路段通过。泥泞路行车，车轮极易空转和侧滑，要稳握转向盘，选用中低速档慢速行驶，用加速踏板控制速度，匀速一次性通过，尽量避免使用行车制动器；在泥泞路段后轮发生侧滑时，要将转向盘向侧滑的方向缓转修正，即车后轮向右侧滑时向右转向，车后轮向左侧滑时向左转向；遇驱动车轮空转打滑时，可在驱动轮下铺垫砂石等，增加摩擦力。

行车中遇到漫水路或漫水桥时，要停车察明水情，确认安全后，挂低速档保证足够的动力，匀速通过；涉水中，特别注意减速慢行，不要注视水流的变化，避免中途停留；涉水后，间断轻踏制动踏板，以恢复制动效能。

驾驶机动车行经施工路段，要及时减速，注意观察道路上的标志或警示牌，服从施工人员的指挥，按照指路标志和指示牌指示绕行。

（六）高速公路安全驾驶

1. 进入收费站

车辆驶近高速公路收费站时，要严格遵守限速规定，选择通道上方亮绿灯信号且车辆较少的通行口，依次排队通过，切勿争道抢行。进入收费入口处，尽量将车身靠近收费亭，停车时使驾驶室门窗对齐收费窗口，在入口处领到通行卡后，要妥善收存好，以备到出口时交卡并支付通行费。在设有电子不停车收费系统（ETC）的收费站，持有电子标签的车辆可以在30公里/时以下的时速内不停车直接通过ETC专用收费车道，通过收费站。

2. 匝道通行

通过收费站后，注意观察指路标志，按照自己的行驶路线，正确选择将要驶入的匝道。

进入匝道后，尽快提高车速，但不能超过标志规定的速度。前方有行驶的车辆时，要保持足够的安全间距，不得在匝道超车、停车、倒车、掉头。

通过高速公路收费口，进入高速公路匝道后，要严格遵守速度规定，不得超过交通标志限定的速度行驶；不得在匝道掉头或停车。

看到这个标志时，车速不得超过40公里/时

在高速公路匝道行驶，遇到前车行驶缓慢时，要保持安全距离，不得在匝道上超车；从匝道驶入高速公路加速车道时，要开启左转向灯，不得直接从匝道进入行车道。

遇到这种情况时不得从前车左侧超越

3. 加速车道行驶

进入加速车道后，开启左转向灯，迅速将车速提高到60公里/时以上，并观察左侧行车道内的车辆通行情况，正确估计车流速度，调整和控制好车速，选择驶入行车道的时机。在加速车道跟车行驶时，要注意观察前车的加速情况，避免在加速车道上超车、减速或停车。

4. 安全汇入车流

从加速车道进入行车道时不能影响其他机动车的正常行驶，汇入行车道有困难时，可适当减速等待，不得停车让行。

遇到这种情况时要控制速度尾随最后一辆车进入

5. 行车道选择

进入高速公路行车道后，严格遵守"分道行驶、各行其道"的原则和规定，根据车辆行驶速度选择行驶车道。在有限速标志的路段，要将车速控制在限制速度以内。可充分利用专门设置的确认行车间距的路段，检验速度为100公里/时时与前车的行车间距。正常情况下，在高速公路上的纵向间距（两车间的前后距离）略大于行驶速度值。

在高速公路行车道行驶，要严格遵守速度规定；遇限速标志标明的车速与车道行驶车速的规定不一致时，按照车道行驶规定的车速行驶；在同向三车道高速公路上行车，车速高于90公里/时、低于110公里/时时，选择中间车道行驶；因发生事故造成堵塞时，要依次停车等待。

6. 变更车道

在高速公路行车道行驶，要尽量减少变更车道的次数。需要变更车道前，应通过后视镜提前观察进入车道的交通情况，在不影响其他车辆正常行驶的情况下，开启转向灯，缓慢转向，同时注意观察后视镜，加速变道。遇前方道路上有障碍、因事故前方车道堵塞、道路施工占道及自然灾害造成前方路段损坏时，按照标志或警示牌上的要求变更车道。

7. 安全距离确认

高速公路行车时，要充分利用安全距离确认路段，辅助确认与前车的安全距离；不得频繁地变更车道或近距离尾随前车行驶，更不能从相距较近的正常行驶车流中间穿插行驶。

安全距离确认路段用于确认车速在100公里/时时的安全距离

8. 通过立交桥

通过高速公路立交桥前，要根据右侧指路标志确认行驶车道和行驶路线。需要改变行驶路线时，距立交桥500米处开始逐渐降低车速，按照预告标志适时地向右完成车道的变更，平顺地驶入预定车道。在距出口50～100米时，开启右转向灯，按照指路标志的要求进入匝道，驶入新的高速公路行车道。

9. 通过隧道

通过高速公路隧道入口前50米左右，按照交通标志和提示板的提示选择行车道，控制行驶速度。进入隧道口时，开启前照灯、示宽灯、尾灯，及时察看车速表，按照隧道口标志上规定的速度行驶。

进入高速公路隧道口，要注意突然由亮到暗的适应过程，控制好车速和行驶路线。在隧道内行驶，要将视线注视点移到隧道的远处，不要看两侧隧道壁。跟车行驶时要注意保持行车间距，不得使用远光灯，严禁在隧道内变更车道、超车和随意停车。

驶出高速公路隧道前,不能凭直觉判断车速,要通过车速表确认行车速度。到达出口时握稳转向盘,以防隧道口处的横向风引起车辆偏移。出隧道后,在由暗到亮的适应过程中切勿盲目加速,以免因视觉不适应视力瞬时下降而造成危险。

10. 通过跨江河湖海大桥

通过高速公路跨江大桥前,注意观察标志、标线,提前选定行驶路线,严格按标志限定的速度和标线行驶。通过高速公路跨江大桥时,握牢转向盘,控制好车速,各行其道。正常情况下,车速不要超过100公里/时。不得盲目加速或紧急制动,不得变更车道。

行经江面、河口路段时,往往会受到强横向风影响,一定要握稳转向盘,以防江、河口处的横向风使车辆偏离行驶路线或翻车。冬季雨雪天后的早晚在高速公路上行车,遇见桥梁、高架桥、匝道,必须降低车速,以免桥面结冰或残留有积雪引发危险。

11. 高速公路停车

在高速公路上发生故障必须停车时,要控制好车速,看清车前车后的交通情况,开启右转向灯,尽快驶离行车道,停在紧急停车带或右侧路肩内。切不可紧急停车,更不能在行车道直接停车。停车后,立即打开危险报警闪光灯,按规定在车后方150米以外设置警告标志,夜间还需同时开启宽灯和尾灯。车上人员应迅速转移到右侧应急车道内或者护栏以外,必要时通过紧急电话求援或报警。

12. 驶出行车道

出高速公路的出口前,注意"2km""1km""500m"及出口预告标志的提示。在距出口"2km"时进入右侧行车道行驶。距出口500米时,开启右转向灯,适当调整车速,逐渐平顺地从减速车道的始端驶入减速车道。进入减速车道后,注意观察车速表,在进入匝道前逐渐减速至40公里/时或标志规定的速度以内。如果错过出口,只能继续向前行驶至立体交叉桥掉头,或者在下一出口驶离。严禁在高速公路紧急制动、停车、倒车、掉头、逆行、穿越中心隔离带供紧急情况使用的缺口。

13. 驶出高速公路

高速公路行车中,遇有雾、雨、雪且能见度在100～200米时,要及时开启雾灯、近光灯、示廓灯和前后位灯,车速不得超过60公里/时,跟车行驶与同车道前车保持100米以上的距离。遇大雾视线受阻时,不能立即紧急制动停车,要逐渐减速行驶,选择从最近的出口尽快驶离高速公路。

高速公路行车需要临时停车时,要选择到服务区停车,不得在应急车道停车。发生紧急故障必须停车检查时,要选择在应急车道停车。因故障或者事故在高速公路行车道上紧急停车时,要开启危险警告灯,在车后150米处设置故障警告标志,夜间要开启示廓灯和后位灯,驾乘人员要迅速转移至右侧路肩护栏外。车辆在高速公路发生故障或者交通事故,无法正常行驶时,必须由救援车或清障车拖曳、牵引,不得由同行机动车拖曳或牵引。

在高速公路上车辆发生故障时,人员应当疏散到图中D位置

驶离高速公路时,要开启右转向灯,经过减速车道减速后进入匝道,进入匝道后,要使车速降到限定时速以下。如果因疏忽驶过出口,要继续向前行驶,寻找下一出口驶出;即使距下一出口距离较远,也不可沿路肩倒车退回出口处。

驶出高速公路收费站后的一段时间内,不要单纯凭自己的感觉判断车速,一定要通过观察车速表来判断和控制车速。由于长时间的高速行驶,驾驶人对速度变化的感知需要一个适应过程,使驾驶人逐渐适应一般道路的行驶速度。

高速公路行车不得有下列行为:

1)倒车逆行,穿越中央分隔带掉头,或在车道内停车。
2)骑轧车行道分界线或者在路肩上行驶。
3)在匝道、加速车道或者在减速车道上超车。
4)非紧急情况时在应急车道行驶或停车。
5)试车或者学习驾驶机动车。

五、紧急情况下的避险常识

(一)紧急情况通用避险知识

1. 紧急情况下的避险原则

行车中遇紧急情况避险时,要沉着冷静,坚持先避人、后避物的处理原则。在高速公路或其他道路高速行驶,遇到紧急情况避险时,要坚持采取制动减速、不急转向的原则,不要轻易急转向避让,以减小碰撞损坏程度。

高速行驶中,遇到前车扬起的飞石或是遗撒物将风窗玻璃击裂,造成视线模糊不清的情况下,要逐渐降低车速,开启危险警告灯并将机动车移至不妨碍交通的地方。

2. 轮胎漏气的处置

轮胎漏气会造成轮胎气压过低,高速行驶时轮胎会出现波浪变形,使温度升高进而导致爆胎。发现轮胎漏气时,要尽快将车驶离主车道,缓慢制动减速,不要采用紧急制动,以免造成翻车或后车采取制动不及时导致追尾事故。

3. 突然爆胎的处置

行车中意识到突然爆胎时,要双手紧握转向盘,尽力控制车辆直线行驶,立即松开加速踏板,轻踏制动踏板,尽量采用抢挂低速档的方法,利用发动机制动缓慢减速,尽快平稳停车,切忌慌乱中急踏制动踏板紧急停车。但在尚未控制住车速前,不要冒险使用行车制动器停车,以避免机动车横甩发生更大的险情。后轮爆胎时,注意控制行驶方向并缓慢减速停车;前轮爆胎时,要在控制住行驶方向后,采取抢挂低速档的措施减速停车。

避免爆胎的正确做法是:定期检查轮胎,及时清理轮胎沟槽内的异物,及时更换有裂纹或损伤的轮胎。采用降低轮胎气压来避免爆胎的做法是错误的。

4. 转向失控的处置

高速行车中,转向突然失控后,若前方道路条件能够保持直线行驶,应开启危险警告灯,合理使用行车制动和驻车制动,可采用抢挂低速档的方法控制车速,不要紧急制动,在转向失控的情况下紧急制动,很容易造成翻车;只有当行驶方向偏离,事故已经无可避免时,才可连续踩踏、放松制动踏板,尽快减速停车;必要时可果断采取紧急制动措施,尽量缩短停车距离,减轻撞车力度。装有转向助力装置的车辆突然发现转向困难、操作费力时,要及时停车查明原因,不得继续行驶。

5. 制动失效的处置

行车中遇制动突然失效时，要握稳转向盘，开启危险警告灯，迅速抢挂低速档减速，使用驻车制动器辅助减速。

行车中出现制动失效后，首先要控制方向，然后再设法控制车速。下坡路行驶时，制动突然失效后，若无可利用的地形和时机，可采用的减速方法是迅速逐级或越级减档，利用发动机制动作用控制车速；道路边有专设避险车道时，及时冲入紧急避险车道减速停车，停车后，拉紧驻车制动器，以防溜动发生二次险情。在不得已的情况下，可将车驶向上坡道方向，也可用车身侧面擦碰山坡，或用车身靠向路旁的岩石或树木擦碰，迫使机动车减速停车。

有效预防机动车发生制动失效的措施是：定期维护制动系统，行车前检查制动踏板的自由行程，采用液压制动的车辆，检查制动液是否有滴漏现象；行车中正确使用制动，防止热衰退。

6. 发动机突然熄火的处置

行车中发动机突然熄火不能起动时，要立即开启危险警告灯，及时缓慢减速，将车停到不妨碍交通的地方，放置故障车警告标志，检查熄火原因。不得采用紧急制动，迫使机动车迅速停住的方法停车。

7. 碰撞时的应急处置

在车速较高的情况下，可能与前方机动车发生碰撞时，要采取先制动减速，后转向避让的措施。在高速公路行车意外碰撞护栏时，要迅速向碰撞一侧转向，切忌向相反方向大幅度转向或左右猛转转向盘。

行车中与其他机动车发生正面碰撞已不可避免时，可迅速采取紧急制动，减轻碰撞力度。发生撞击的位置不在驾驶人一侧或撞击力较小时，要紧握转向盘，两腿向前蹬，身体向后紧靠座椅，不得采用从一侧跳车的方法避险。发现与对向来车发生正面碰撞且碰撞位置在驾驶人正前方时，要迅速躲离转向盘，往前排乘客座位躲避，并迅速将两腿抬起，避免身体受到挤压。

8. 倾翻时的应急处置

车辆突然发生倾翻时，驾驶人应双手握紧转向盘，双脚钩住踏板，背部紧靠座椅，稳住身体，避免在车内被撞伤，同时注意避免因车体变形遭挤压受伤。当车辆向深沟连续翻滚时，身体先迅速躲向座椅前下方，抓住固定物将身体稳住，避免身体滚动受伤。

在车辆倾翻过程中，感到不可避免要被抛出车外时，要在被抛出的瞬间，猛蹬双脚，增加向外抛出的力量，借势跳出车外。跳出车外落地后，应双手抱头顺势向惯性力的方向多滚动一段距离，以躲开车体，增大离开危险区的距离。车辆缓慢翻车有可能跳车逃生时，要向翻车的相反方向跳车，避免跳车后被翻滚的车辆碾压。

驾驶机动车在道路上发生交通事故时，要迅速停车，保护现场，有人员受伤时，要立即抢救受伤人员，并迅速报警。因抢救受伤人员需要变动现场时，要标明位置。

9. 火灾时的应急处置

车辆发生火灾时，要设法将机动车停在远离城镇、建筑物、树木、其他机动车及易燃物的空旷地带，不得将机动车驶进服务区或停车场灭火。发动机着火时，要迅速关闭发动机，不得开启发动机舱盖灭火。燃油、电器着火时，可用路边沙土、棉衣、工作服进行灭火，不能用水灭火。

行车中突然发生车辆自燃时，紧急避险的正确做法是及时报警，在来车方向设置警告标志或其他隔离措施，使用车内备用的灭火器站在上风处，瞄准火源灭火。救火前，要脱去所穿的化纤服装，以免伤害暴露的皮肤。救火时，不要张嘴呼吸或高声呐喊，以免烟火灼伤呼吸道。遇前方停驶的油料运输车起火冒烟，要立即停车，尽量远离事故车辆，拨打报警电话报警。

10. 车辆落水时的应急处置

车辆不慎意外落水，车窗是最易逃脱的出口。但在车辆下沉过程中，外部水的压力较大，车门、车窗很难打开。只有在车辆落水后，要等到水快浸满车厢时，才能设法开启车门（摇下车窗玻璃）或敲碎侧窗玻璃自救逃生。千万不可用迅速关闭车窗阻挡车内进水、短暂闭绝空气、打电话告知救援人员失事地点的方法等待救援。

11. 侧滑与轮胎抱死时的应急处置

驾驶未安装制动防抱死装置（ABS）的机动车在冰雪路面使用制动时，要轻踏或间歇踩踏制动踏板；冰雪路面上制动，车轮最容易抱死，前车轮抱死会丧失转向能力，后车轮抱死会侧滑甩尾。转弯时速度过快，容易发生侧滑时。在冰雪路面发生侧滑时，不要猛打转向盘调整。前轮侧滑时，向侧滑相反方向转动转向盘进行调整；后轮侧滑时，向侧滑方向转动转向盘进行调整。在泥泞路上行车发生侧滑时，要向后轮侧滑的方向转动转向盘适量调整。

（二）高速公路紧急避险

在高速公路上行车遇紧急情况时，必须坚持"先避人、后避物，先制动、后转向"的原则，避让措施不能超过必要的限度，避免造成不应有的损害。

1．发生"水滑"的应急处置

雨天在高速公路行驶发生"水滑"现象时，要缓抬加速踏板减速，避免急踏制动踏板减速或迅速转向进行调整。雨天在高速公路行车，为避免发生"水滑"现象而造成方向失控，要降低车速行驶。

2．雾天遇到事故的应急处置

大雾天在高速公路遇事故不能继续行驶时，应开启危险警告灯和雾灯，尽快离开机动车，尽量站到防护栏以外。沿行车道到车后150米以外设置警告标志的做法是非常危险的。

3．意外碰撞护栏的应急处置

高速公路行车意外碰撞护栏时，要及时稳住转向盘，适量向碰撞一侧转向，迫使车辆减速停车。千万不可乱转、急转或向相反方向转动转向盘，以免发生连续碰撞护栏或倾翻事故。

4．遇到横风的应急处置

大风天气行车，由于风速和风向往往不断地发生变化，如果遇到较强横风或狂风袭来，当感到转向盘突然"被夺"、车辆产生横向偏移时，要双手稳握转向盘以恢复行驶方向，不得采取紧急制动或急转向的方式。

5．紧急情况停车的应急处置

高速公路行车遇非常情况或者发生事故时，要力所能及地将损失降到最低限度，不能因紧急避险造成二次事故或更大的损失。为了防止二次事故，要开启危险警告灯，迅速疏散车上人员，正确放置危险警告标志，车上人员站到护栏以外安全的地方。

6．高速公路故障紧急避险

高速公路行车紧急情况避险的处理原则是"先避人、后避物，先减速、后转向"，在车速没有降低时，不要轻易急转向避让。除遇障碍、发生故障等必须停车外，不准停车上下人员或者装卸货物。

车辆在高速公路上发生故障需检查时，要选择在服务区、应急车道停车，不得在行车道上抢修；因故障暂时不能离开应急车道或路肩时，驾乘人员要迅速下车，在护栏以外安全的地方等候。

六、典型事故案例分析

（一）典型事故案例驾驶行为分析

1．超速行驶的危害

违法超速行驶是道路交通安全的"第一杀手"。超速行驶时，驾驶人反应时间延长，视野变窄，制动距离延长。如果长时间超速行驶，驾驶人心理一直处于高度紧张和恐慌状态下，压力大，容易疲劳，一旦遇到险情，往往反应不及时或出现操作失误，极易发生碰撞、倾翻等重特大交通事故。行车中，超速行驶越多，可能发生的险情也就越多，安全系数越小，事故的后果越严重。

2．频繁变更车道的危害

随意频繁变更车道或强行突然变道，驾驶人往往不观察车辆两侧和后方道路交通情况，不开启转向灯，连续侵占正常通行车辆的行驶路线，严重扰乱正常的道路通行秩序，是导致道路拥堵及刮碰、碰撞事故的主要原因。

3．抢行、加塞的危害

行车中，遇到前方车辆行驶缓慢或拥堵时，连续鸣喇叭、抢行、加塞或穿插绕行等行为，既不道德，又违法，会严重破坏道路的有序通行，加剧道路拥堵或路口堵塞，甚至会引发驾驶人之间的斗气、斗殴，是导致驾驶人"路怒症"和刮碰事故的一个重要诱因。

4．违法停车的危害

随意在停车场（位）以外不允许停车的道路或路口违法停放车辆，占用机动车道、非机动车道和人行道，会影响其他车辆和行人的通行，造成交通拥堵和道路堵塞，很容易引发交通事故。

5. 闯红灯的危害

通过交叉路口不遵守交通信号灯，黄灯亮抢行甚至闯红灯，是非常危险的违法行为，不仅会给路口通行的车辆和行人带来危险，而且严重威胁着他人和自己的生命财产安全，很容易引发碰撞和碾轧事故，甚至会导致重特大恶性交通事故。

6. 与行人抢行的危害

在人行横道前不观察、不减速、与行人抢行，或者遇到行人违法在道路上通行时与行人争道抢行，都是发生事故的最大隐患，往往会发生车与人相撞的死伤事故。

7. 违法占道行驶的危害

驾驶机动车违法占道行驶的行为主要有占用非机动车道、人行道、紧急停车带、路肩行驶，超车、转弯占用对向车道，长时间轧分道线、道路中心虚线行驶等。违法占道行为降低了路面的使用率，严重扰乱和阻碍道路通行，直接影响道路的有序通行和畅通，会引发道路拥堵，甚至导致交通事故。

8. 违法超车的危害

占对向车道强行超车、骑轧中心线超车、高速强行超车、超车过程中距离被超车过近、超车后变道不给被超车留出安全距离等违法行为，都会伴随着急转向、急加速等操作，一旦出现操作失误或紧急情况，驾驶人很难有效及时地控制车辆，严重威胁被超车辆的安全，容易引发刮碰、倾翻、追尾等交通事故。

9. 违法使用远光灯的危害

夜间会车、跟车、超车时，违法使用远光灯，会因强烈的灯光照射造成对面或前方车辆驾驶人眩目，无法看清道路上的交通情况，导致判断错误或操作失控，引发车辆之间碰撞或者碰撞行人、非机动车等事故。

10. 违法接打手持电话的危害

驾驶人驾驶车辆接打手持电话或发短信、微信，会分散注意力，影响正常驾驶操作，视野变窄，外围视觉的感知能力降低，加之单手操纵转向盘，一旦遇到紧急情况，往往反应不及时，不能有效地控制车辆，容易造成追尾、刮碰等交通事故。

11. 疲劳驾驶的危害

驾驶人疲劳时，会出现精力不集中、思考不周全、判断能力下降、反应迟钝和操作失误等现象。驾驶人处于轻微疲劳时，会出现换挡不及时、不准确的现象；处于中度疲劳时，操作动作呆滞，有时甚至会忘记操作；处于重度疲劳时，往往会下意识操作或出现短时间睡眠现象，严重时会失去对车辆的控制能力。如果驾驶人在疲劳状态下仍勉强驾驶车辆，则很有可能导致交通事故的发生。有效避免驾驶疲劳的做法有：连续驾驶不超过 4 小时，用餐不宜过饱，保持良好的睡眠，餐后适当休息后再继续驾驶。

（二）典型事故案例经验教训

1. 超速事故案例

1）某日 13 时 10 分，罗某驾驶一辆中型客车从高速公路 0 公里处出发，14 时 10 分行至该高速公路 125 公里加 200 米处时，发生追尾碰撞，机动车驶出西南侧路外边坡，造成 11 人死亡、2 人受伤。罗某的主要违法行为是超速行驶。

2）罗某驾驶大型卧铺客车（乘载 44 人，核载 44 人）行至沿河县境内 540 县道 58 公里加 500 米处时，在结冰路面以 44 公里/时速度行驶，导致机动车侧滑翻下公路，造成 15 人死亡、27 人受伤。罗某的主要违法行为是超速行驶。

3）佟某驾驶一辆大客车（乘载 54 人，核载 55 人）行至太原境内以 45 公里的时速通过一处泥泞路段时，机动车侧滑驶出路外坠入深沟，导致 14 人死亡、40 人受伤。佟某的主要违法行为是超速行驶。

4）李某驾驶一辆大客车（乘载 21 人，核载 35 人），行驶途中察觉制动装置有异常但未处理，行至双岛海湾大桥时时速为 50 公里（该路段限速 40 公里/时），因制动失灵坠入海中，造成 13 人死亡、8 人受伤。李某的主要违法行为是超速行驶、驾驶具有安全隐患的机动车。

2. 疲劳驾驶事故案例

某日早上 6 时，冉某驾驶一辆大客车出发，连续行驶至上午 11 时，在宣汉县境内宣南路 1 公里处，坠于公路一侧垂直高度 8.5 米的陡坎下，造成 13 人死亡、9 人受伤。冉某的主要违法行为是疲劳驾驶。

3. 客车超员事故案例

1）何某驾驶一辆乘载 53 人的大客车（核载 47 人），行至宁合高速公路南京境内 454 公里加 100 米处，被一辆重型半挂牵引车追尾，导致大客车翻出路侧护栏并起火燃烧，造成 17 人死亡、27 人受伤。何某的主要违法行为是客车超员。

2）徐某驾驶一辆中型客车（乘载 27 人，核载 19 人）行至四都镇前岭村壶南头路段，在上坡过程中，机动车发生后溜驶出路外坠入落差约 80 米的山崖，造成 11 人死亡、7 人受伤。徐某的主要违法行为是客车超员。

4. 货车超载、载客事故案例

1）郝某驾驶一辆载有 84.84 吨货物的重型自卸货车（核载 15.58 吨），行至滦县境内 262 省道 34 公里加 623 米处，与前方同向行驶的一辆载有 45.85 吨货物的货车（核载 1.71 吨）追尾碰撞后，侧翻撞向路边人群，造成 19 人死亡、17 人受伤。双方驾驶人共同的违法行为是货车超载。

2）周某驾驶一辆轻型厢式货车（搭载 22 人）行驶至丙察公路 79 公里加 150 米处时，坠入道路一侧山崖，造成 12 人死亡、10 人受伤。周某的主要违法行为是货运机动车载客。

5. 证车型不符事故案例

赵某（持有 A2 驾驶证）驾驶大型卧铺客车，行驶至叶城县境内 219 国道 226 公里加 215 米处转弯路段时，坠入道路一侧山沟，致 16 人死亡、26 人受伤。赵某的主要违法行为是驾驶与准驾车型不符的机动车。

6. 综合事故案例分析

1）林某驾车以 110 公里/时的速度在城市道路行驶，与一辆机动车追尾后弃车逃离被群众拦下。经鉴定，事发时林某血液中的酒精含量为 135.8 毫克/100 毫升。林某的主要违法行为是醉酒驾驶、超速驾驶和肇事逃逸。

2）周某夜间驾驶大货车在没有路灯的城市道路上以 90 公里/时的速度行驶，一直开启远光灯，在通过一条窄路时，因加速抢道，导致对面驶来的一辆小客车撞上右侧护栏。周某的主要违法行为是超速行驶、不按规定会车和不按规定使用灯光。

3）叶某驾驶中型厢式货车，行至陂头镇上汶线 3 公里加 600 米弯道路段时，以 40 公里/时的速度与王某驾驶的乘载 19 人的正三轮载货摩托车发生正面相撞，造成 10 人死亡、9 人受伤。双方驾驶人的主要违法行为是王某驾驶摩托车非法载客、叶某超速行驶。

4）某日 19 时，杨某驾驶大客车，乘载 57 人（核载 55 人），连续行驶至次日凌晨 1 时，在金城江区境内 050 国道 3008 公里加 110 米处，因机动车左前胎爆裂，造成 12 人死亡、22 人受伤的特大交通事故。杨某的主要违法行为是疲劳驾驶、客车超员。

5）唐某驾驶一辆大客车，乘载 74 人（核载 30 人），以 38 公里/时的速度，行至一连续下陡坡转弯路段时，机动车翻入路侧溪水内，造成 17 人死亡、57 人受伤。唐的主要违法行为是客车超员、超速行驶。

6）吴某驾驶一辆大客车，乘载 33 人（核载 22 人），行至 163 县道 7 公里加 300 米处时，机动车失控坠入山沟，造成 10 人死亡、21 人受伤。事后经酒精检测，吴某血液酒精含量为 26 毫克/100 毫升。吴某的主要违法行为是客车超员、酒后驾驶。

7）钱某驾驶大型卧铺客车，乘载 45 人（核载 40 人），保持 40 公里/时以上的车速行至八宿县境内连续下坡急转弯路段处，翻下 100 米深的山崖，造成 17 人死亡、20 人受伤。钱某的主要违法行为是超速行驶、客车超员。

8）某日 3 时 40 分，孙某驾驶大客车（乘载 54 人，核载 55 人）行至随岳高速公路 229 公里加 300 米处，在停车下客过程中，被后方驶来李某驾驶的重型半挂机动车追尾，造成 26 人死亡、29 人受伤。事后查明，李某从前一日 18 时许出发，途中一直未休息。双方驾驶人的主要违法行为是孙某违法停车、李某疲劳驾驶。

9）陶某驾驶中型客车（乘载 33 人），行至许平南高速公路 163 公里处时，以 120 公里/时的速度与停在最内侧车道上安某驾驶的因事故无法移动的小客车（未设置警示标志）相撞，中型客车撞开右侧护栏侧翻，造成 16 人死亡、15 人受伤。双方驾驶员的主要违法行为是陶某客车超员、超速行驶，安某未按规定设置警示（告）标志。

10）邹某驾驶大型卧铺客车（核载 35 人，实载 47 人），行至京港澳高速公路 938 公里处时，因乘车人携带的大量危险化学品在车厢内突然发生爆燃，造成 41 人死亡、6 人受伤。此事故中的主要违法行为是客车超员、乘车人携带易燃易爆危险物品上车。

11）杨某驾驶改装小型客车（核载 9 人，实载 64 人，其中 62 人为幼儿园儿童），行至榆林子镇马槽沟村处，占用对向车道逆行时与一辆重型自卸货车正面碰撞，造成 22 人死亡、44 人受伤。该起事故中的主要违法行为是非法改装机动车、客车超员和客车逆向行驶。

12）戚某驾驶大客车，乘载 28 人（核载 55 人），由南向北行至一无交通信号控制的交叉路口，以 50 公里的时速与由东向西行至该路口李某驾驶的重型半挂牵引车（核载 40 吨，实载 55.2 吨）侧面相撞，造成 12 人死亡、17 人受伤。此事故中的主要违法行为是客车超速行驶、货车超载。

13）彭某驾驶一辆重型半挂牵引车，载运 37.7 吨货物（核载 25 吨），行至大广高速公路一下坡路段，追尾碰撞一辆由李某驾驶在应急车道内行驶的重型自卸货车（货厢内装载 3.5 吨黄土并搭乘 24 人），造成

16 人死亡、13 人受伤。此事故中的主要违法行为是彭某驾驶机动车超载，李某在应急车道内行驶、货车车厢内违法载人。

14）石某驾驶低速载货机动车，运载 4.05 吨货物（核载 1.2 吨），行驶至宁津县境内 314 省道 51 公里加 260 米处，在越过道路中心线超越前方同向行驶的机动车时，与对向正常行驶的中型客车（乘载 12 人，核载 11 人）正面相撞，造成 10 人死亡、2 人受伤。此事故中的违法行为是货车超载、货车违法超车和客车超员。

七、交通事故救护及常见危险化学品的处置常识

（一）事故处置原则

驾驶机动车在道路上发生交通事故，未造成人身伤亡或仅造成轻微财产损失，基本事实清楚，当事人对事实及成因无争议的，可以即行撤离现场，恢复交通，自行协商处理损害赔偿事宜。当事人对交通事故事实及成因有争议时，要迅速报警。

（二）伤员急救

1．伤员急救基本原则

在事故现场抢救伤员的基本要求是先救命，后治伤。受伤者在车内无法自行下车时，可设法将其从车内移出，尽量避免二次受伤。遇伤者被压于车轮或货物下时，要设法移动车辆或货物，不得拉拽伤者的肢体将其拖出。

2．昏迷不醒的伤员急救

抢救昏迷失去知觉的伤员时，要在抢救前先检查呼吸，再进行具体施救。搬运昏迷失去知觉的伤员时，要采取侧卧位。

3．失血伤员的急救

抢救失血伤员时，要先采取止血措施，采用指压止血法为动脉出血伤员止血时，拇指要压住伤口的近心端动脉位置。止血可使用绷带、三角巾和止血带包扎，在没有绷带急救伤员的情况下，可用毛巾、手帕、床单、长筒尼龙袜等代替绷带包扎，不能用麻绳或细绳缠绕包扎。救助失血过多出现休克的伤员要采取保暖措施。

4．烧伤伤员的急救

救助全身燃烧的伤员时，可采取向身上喷冷水灭火的方法，不得用灭火器、沙土覆盖火焰等方法灭火。烧伤伤员口渴时，可喝少量的淡盐水。

5．中毒伤员的急救

救助有害气体中毒伤员时，要在第一时间将伤员放到空气新鲜的地方，防止伤员继续中毒。救助中毒伤员时，尽量等待专业人员进行抢救，非专业人员不得采取保暖、人工呼吸、胸外心脏按压等直接接触方法进行救护。

6．骨折伤员的处置

抢救骨折伤员时，注意不要移动身体骨折部位；伤员骨折处出血时，要先止血，然后固定包扎伤口。对无骨端外露的骨折伤员肢体固定时，要越过伤口上下关节。抢救脊柱骨折的伤员，要用三角巾固定，需要移动时，切勿扶持伤者走动，可用硬担架运送。伤员大腿、小腿和脊椎骨折时，一般不要随便移动伤者。

（三）常见危险化学品

1．常见危险化学品的特性

危险化学品具有爆炸、易燃、毒害、腐蚀和放射性等特性。火药、炸药和起爆药属于爆炸品；火柴、硫黄和赤磷属于易燃固体。扑救易散发腐蚀性蒸气或有毒性的火灾时，扑救人员应穿戴防毒面具和相应的防护用品，站在上风处施救。易燃液体一旦发生火灾，不能用水扑救。腐蚀品着火时，不能用水柱直接喷射扑救。

2．危险化学品运输特殊情况处理

道路危险货物运输驾驶人、装卸人员和押运员必须了解所载运的危险化学品的性质、危害特性、包装容器的使用特性和发生意外时的应急措施。液化石油气罐车在运输途中发生大量泄漏时，要切断一切电源，戴好防护面具和手套，关闭阀门制止渗漏，组织人员向上风方向疏散。

新能源汽车知识点

新能源汽车是指采用非常规的车用燃料作为动力来源（或使用常规的车用燃料、采用新型车载动力装置），综合车辆动力控制和驱动方面的先进技术，形成的技术原理先进、具有新技术和新结构的汽车。

新能源汽车包括纯电动汽车、混合动力汽车、燃料电池汽车、氢动力汽车、增程式电动汽车等。

- 纯电动汽车（Battery Electric Vehicle，BEV），是一种采用单一蓄电池作为储能动力源的汽车，它利用蓄电池作为储能动力源，通过电池向电动机提供电能，驱动电动机运转，从而推动汽车行驶。
- 混合动力汽车（Hybrid Electric Vehicle，HEV），主要驱动系统由至少两个能同时运转的单个驱动系统组合而成，混合动力汽车的行驶功率主要取决于混合动力汽车的车辆行驶状态：一种是由单个驱动系统单独提供；另一种是通过多个驱动系统共同提供。
- 燃料电池汽车（Fuel Cell Electric Vehicle，FCEV），是在催化剂的作用下，用氢气、甲醇、天然气、汽油等作为反应物在燃料电池中经电化学反应产生的电能驱动的汽车。从本质上来说，燃料电池电动汽车也属于电动汽车，区别在于纯电动汽车是靠充电补充电能。
- 氢动力汽车（Hydrogen Powered Vehicle，HPV），是以氢气燃烧作为主要能量驱动的汽车。氢气内燃机在汽车上的应用方式有3种：纯氢内燃机、氢／汽油双燃料内燃机、氢－汽油混合燃料内燃机。
- 增程式电动汽车（Extended Range Electric Vehicle，EREV），是通过电池向电机提供动能驱动电机运转，从而推动车辆行驶。然而，增程式电动汽车在车身中配有一台汽油或柴油发动机，在电池电量过低的情况下，驾驶人可以利用发动机为增程式电动车进行电量补充。